看世界！

100位艺术家的故事

[意]科拉多·奥吉阿斯 著
袁江平 译

中信出版集团 | 北京

图书在版编目（CIP）数据

看世界！100位艺术家的故事 / (意) 科拉多·奥吉阿斯著；袁江平译. -- 北京：中信出版社, 2023.1（2023.12重印）
ISBN 978-7-5217-4641-9

Ⅰ. ①看… Ⅱ. ①科… ②袁… Ⅲ. ①艺术家－列传－世界－青少年读物 Ⅳ. ①K815.7-49

中国版本图书馆CIP数据核字(2022)第152616号

Guarda! 100 storie di artisti per scoprire il mondo
by Corrado Augias

first published in "Feltrinelli Kids" in October 2020
The Simplified Chinese characters edition is published in arrangement with NIU NIU Culture Ltd.

看世界！ 100 位艺术家的故事

著　　者：[意] 科拉多・奥吉阿斯
译　　者：袁江平
出版发行：中信出版集团股份有限公司
（北京市朝阳区东三环北路27号嘉铭中心　邮编　100020）
承 印 者：北京启航东方印刷有限公司

开　　本：720mm × 1020mm　1/16　　印　　张：14　　字　　数：200千字
版　　次：2023年1月第1版　　印　　次：2023年12月第2次印刷
京权图字：01－2022－2517
书　　号：ISBN 978－7－5217－4641－9
定　　价：88.00元

序言

本书配有一系列插画，每一幅画都展示了一位杰出的艺术大师生活中的某一片段、他的特点或是他的艺术作品。一个艺术家组成单独的一个故事，因为每一个伟大的艺术家都有专属于他自己、促使他艺术创作的故事。英国诗人约翰·邓恩在 1624 年写过一句话："没有人是一座孤岛，可以自全。每个人都是大陆的一片，整体的一部分。"因此，艺术家和所有人一样，或多或少都会受到自身所处年代的环境、风俗习惯以及绘画技术的影响。这就是为什么在每一个艺术家的故事中会谈论到他们的性格特点，同时也根据时间线囊括艺术家前期、中期以及后期的故事。

开始写这篇序言的时候，我始终摇摆不定，因为我必须要在世界上的众多艺术大师中进行选择。而后我明确了自己内心真实的想法，确定了一个基本原则：如果书中的文字是献给全世界的艺术家的，那么在序言中，则主要讲意大利的艺术大师。与其说是因为爱国主义精神才这样做，不如说是因为几个世纪以来，意大利在视觉艺术、建筑等领域一直都处于领导地位。然而，意大利的这种领导地位有时候也会受到威胁，因为我们所说的这许多优秀的意大利大师虽仍继续致力于艺术创作，但他们不再生活在意大利了。

开场白到此为止，下面由两位年轻的作家弗朗切斯科·弗里萨里和米科尔·苏伯尔继续讲艺术的故事。

智人（*Homo sapiens*）——我们所属的一种物种——是由各种种类的猿猴构建成的进化树上最为庞大的一个分支，是由科学家称为"古猿"的猿类进化而来的，顾名思义，古猿在外形上与人类十分相似。在进化过程中，学习如何使用下肢（即腿）

走路是尤为重要的，因此与其他使用四肢移动的猿猴相比，能够直立而行的古猿具有许多优势。如此，在移动的过程中它们的胳膊就能够空出来做很多重要的事情，不仅是生存必要，也是进一步进化的前提。例如，依靠大腿直立，就可以够得着更高的地方，比如从树上摘果子，并且在日常活动中也有更多的用处：狩猎，点火，做饭，保护自己免受攻击……人们也发现，正是出于保护自己的原因，手臂才不断进化，因为可以用手臂拿起棍子和石头，也可以抛掷东西来抵御外敌，即动物或其他具有敌对意图的同类。渐渐地，手臂成了个人生存以及家族、部落发展最重要的工具。同时手臂的使用也使得手部特别是手指不断进化。智人不仅可以用手指的力量使用石头、棍子等大型工具，还可以使用一些精巧细长的工具，例如可以用一块烧焦的木头在墙上进行标记、描摹，还可以用有颜色的物质浸湿小木棍，从而画出不同色彩的线条。而智人新获得的手工技能与他们的另一特性——不同于动物的感官结合了起来，当他们发现了一些神奇的东西，就想要把这份记忆保存下来，想要用某种方式记录下来，让他人也能知晓。因此我们也可以说，绘画，即描绘出我们面前的现实的方式，就是如此诞生的。然而，艺术的呈现有一个悖论：现实世界是有三个维度的，但是在平坦的表面上只能画出两个维度。为了给人造成和现实世界一样拥有三个维度的感觉，则需要使用一种被称为“透视”的精细绘画技巧，这是绘画中取得的造诣之一。

智人周遭的动物，让他们产生了将自己对世界的发现记录下来的想法，比如那些长着大角的动物、有超长脖子的动物、奔跑迅速的动物、在空中飞行的动物、在风雨中瑟瑟发抖的动物……这些都是最早的一批被记录下来的对象，它们是与智人抢夺生存空间、争夺食物的生物。

几十年前，法国西南部多尔多涅省拉斯科洞穴的壁画就被联合国教科文组织列入了世界文化遗产。因此，本书是从拉斯科洞穴的壁画图案开始，然后再将伟大杰出的艺术作品一一展现出来的。

将其列为世界遗产、肯定其原创性和宏伟性是正确的做法，因为其历史可以追溯到旧石器时代，距今约两万年前。本书从拉斯科洞穴中的壁画开始也是为了向那些将自己看到的世界保存并传递下来的人类致敬。这些图像中没有树木，没有山丘，也没有大自然的风貌，只有由红黄黑三色描绘出的栩栩如生的动物。早期的人类对风景、大自然以及默默见证人类存在的目睹者毫无兴趣，但他们描绘出了动物的强大与敏捷，他们似乎也能理解“美的概念”（哲学家称之为美学），画面极富美感。于是，他们就这样开始了一场伟大的探索，开始用自己的方式复刻现实，在任何一个可以做记录的表面来重现现实、讲述现实，将他们眼中的现实就这样一代代流传了下来。

首先，这不是一本纯粹的艺术史书，因为市面上已经有很多关于艺术史的好书了，这里无须老生常谈。其次，如果要囊括艺术家的一切，那么则需要更多的纸张，未免使得此书过于厚重难啃。然而，无论是在序言还是在后文艺术大师的故事单元中，年轻的读者们都能够从中读到关于艺术家的想法、创作灵感、生平事迹、逸闻逸事以及评论等内容，这些都可以帮助读者用一种全新的方式来了解艺术大师们。

用眼睛看一件艺术品和用心看一件艺术品是两回事。你可以用眼睛看一件艺术品、一个美景、一座建筑、一个人，但却不一定能真正看懂。用眼睛看可以说是一种被动的行为，而用心看则意味着要将你的注意力完全放在你面前的这个东西上，不论是物体、风景，还是人物，都需要用心来细品、领悟其中的每一部分。

在故事的讲述过程中，我们会发现我们的“看”经过了多大的转变，完全不同的两个人在盯着同一个事物时，不太可能真正“看”到完全相同的某一点。

这种典型的人类特点在绘画和视觉艺术史上具有极其重要的意义。从广义上说，几个世纪以来，绘画和雕塑一直在想方设法尽可能地将所描绘的物体或人物贴近现实。比如，画出来的苹果就像是可以即将被送入口中一样真实，女孩的肖像画中一定是她生日当天的装扮，以及画像时所摆的姿势，谷底的那所房子、周围的树木以及后面的山丘都必须以相同的比例描绘到画布上。

同时也必须用同样的方式，细致地将人体复刻出来，比如在呈现裸体的作品中，需要将皮肤下肌肉的凸起展现出来。画家和雕塑家们通过解剖尸体、长时间观察运动员的姿势、让模特摆好几个小时的姿势，让他们的作品在不改变任何东西的情况下再现人体的和谐。

尽管他们对现实不懈地追求，但结果并不总是完美的，因为正如之前已经说过但值得反复提起的那样，不同的眼睛看到的并不总是相同的。所谓情人眼里出西施，一双充满爱意的眼睛在所爱的人身上就会看到一种别人看不到的美丽。再比如，一个房子，一个房间，在那里你住了很久很久，那里承载了你满满的情谊，当你离开时，这些情感就会转变成浓浓的思念。然而，这些情感只有住在那里的人才拥有，偶尔到访的人却不曾有。随着时间的推移，人的眼睛看到的事物对人的影响也愈发深远。因此，为了忠于现实，视觉艺术中写实的绘画技巧不断地精进。但随之，人们慢慢意识到，这些现实的复刻可以被搁置一旁，应该将自己观察到的物体和感受到的情感展现出来，于是人们双眼所看到的事物经过自己的大脑过滤，再次被呈现出来。

在发明出复刻现实工具之后，让我们来看看复刻现实这一进程是多么重要。首先是出现了暗室、相机，然后是电影、视频拍摄，以及现在最普遍、最为便利的工具手机，它们都具有极高的还原度。

然而在几十年前，专业摄影师在拍摄过程中不得不费力地调整摄像光线的强度；为了能将黑暗的阴影和明亮的背景拍摄出来，则必须尽可能地精确曝光。如今，这些操作用手机、微型相机就能办到了。

1935 年至 1939 年间，德国哲学家瓦尔特·本雅明就这一现象写了一篇非常重要的文章《机械复制时代的艺术作品》。艺术作品本身的可重复性并不是什么新鲜事，几个世纪以来，人类一直在致力于艺术作品的技术性复制。就拿青铜雕像来说，通过古罗马的雕像复制品我们才能了解到古希腊的雕像。再比如说，一些特别美丽的硬币也称得上是艺术品，它们同样被复制了无数次，或者说是批量生产的。在活字印刷发明后，文字的复制也成为一件寻常事。

尽管如此，摄影的发明彻底改变了这一进程，摄影可以将所有肉眼可见的东西的某一瞬间复制下来（也可以放大或缩小），这完全打破了艺术作品的概念所限定的壁垒。这本书即将带领我们踏上一段不完整的旅途。

但是不得不说，我希望书里的一切（我们一起了解到的艺术家）能够激发读者主动去探寻，积极去寻找这本书中不曾涵盖的东西，希望读者能一直在路上。

帕提侬神庙的装饰带

我们的第一站只能够是希腊，因为它是最伟大的人类文明的摇篮之一，至今仍在世界上闪闪发光。当我们提到希腊，就特别要提起被称为“伯里克利时代”的公元前5世纪。“伯里克利”是一位政治家的名字，他用特别的方式照亮了公元前460年至公元前429年的岁月，使得雅典达到了极盛时期。

三位伟大的悲剧家埃斯库罗斯、索福克勒斯、欧里庇得斯，伟大的历史学家希罗多德、修昔底德，西方医学奠基人希波克拉底，哲学之父苏格拉底……通通属于那个耀眼的时代。同时期，雅典在与波斯人的战争中被摧毁了，然而，用大理石修建的雅典城重生了，比从前更美。

菲狄亚斯是视觉艺术领域中最负盛名的艺术家，他是一位伟大的雕塑家。对于他的学生来说，他是一位好老师，同时他也是一位精力充沛、才华横溢的建筑师，而我们今天要谈论的是他为雅典城做出的贡献——修建了帕提侬神庙，特别是檐壁上的两组雕像以及装饰。然而，他的大部分作品现在都在伦敦的大英博物馆，尽管希腊共和国多年来一直要求归还，但结果不尽如人意。

与东方雕塑（埃及和叙利亚）的稳定感相比，帕提侬神庙中楣上人物的手势和姿势显得更为自然流畅，让人印象深刻。我们能看到，在队列中，有女人转过头与后面的人耳语，能看出各个人物不同的特征，他们的衣摆会随着动作而飘起，整个画面中的线条都是流畅而灵动的。所有这些画面都给人一种栩栩如生的感觉，是其他作品无法比拟的。

湿壁画

让我们跳过西罗马帝国灭亡后的动乱不安，也就是公元476年前后吧。让我们来看看哥特式大教堂的彩绘玻璃，它就好像一幅幅大型漫画一样，向不识字的人讲述着神圣的故事，你一进入昏暗的中殿，那些鲜红色和深蓝色的图像就会立马跳到你的眼睛里。所以艺术不仅仅是一个简单的图案，它也在讲述着一个神话，一个信仰，一个国家，一个世界，以及一种真实的生活。

多翻几页，我们就能看到有关于哥特式大教堂壮观的彩绘玻璃的介绍了，让我们继续绘画的话题吧。我们现在需要跳到意大利，跳到托斯卡纳，跳到许多年前艺术天才逐渐成形的时期，他们脱颖而出，实现了艺术上根本性的飞跃。

说到这里，我脑海中立刻浮现出来的名字是佛罗伦萨的乔托。他最著名的作品是湿壁画。湿壁画是一种将色彩涂到仍然潮湿的表面的绘画技术。湿壁画的壁面是由石灰和沙子组成的砂浆制成的。为了确保壁面的最大平滑度便于作画，壁面的厚度约为一厘米，最后再铺上一层灰泥。然后艺术家就可以在壁画的最后一层灰泥上绘制出想要的图案了。湿壁画的制作是一种极难的技艺，需要一双快速、灵巧的手，且不容许反复思量，因为壁画上的每一个图案都需要在灰泥变干之前完成，而灰泥大概三小时就会变干，因此创作的时间并不多。另外，颜色则会通过一种被称为“碳化”的过程融入灰泥中，然后成为这面墙本身，因此能很好地与水和时间抗衡。

乔托并不擅长这种壁画制作技术，但他知道如何让所描绘的人物看起来自然、生动，使得他的画作更贴近生活，在他之前没有人能办到。不，不仅仅是这样。这也是人们第一次成功在一个平坦的表面上创造了一种有深度的错觉，给人以空间感，正如后文关于这位伟大艺术画家的那一页所描述的那样。

透视画法

我得纠正一下我刚刚写的部分内容。读者可能会问：“在搞什么啊？如果必须要纠正刚刚写的东西，就不能不写错吗？”是的，也许说得对。但是，通过不断地书写和修改，我才能慢慢了解几个世纪以来无数的艺术家们为了使一幅画尽可能接近现实生活而做出的各种尝试。自古以来，每个画家都提出了同样的问题：“我如何才能在一个二维表面上展示出三维的视觉感呢？我要如何创造出立体感呢？”

在最古老的壁画或是拜占庭圣像中，并没有任何的立体感。人和物体仅仅是简单地被放置在了画中，然而在古希腊，多亏了剧院的产生，一切都发生了变化。为了描绘出戏剧的场景，那么就需要在短短几米的画布上给人一种大空间的感觉，于是人们作画的时候就通过改变物体的大小或者描绘出它们的阴影开始了透视的第一次尝试。

透视，让我们试着理解它的意思。我们都知道，离我们越远的物体，看起来就越小。透视就是基于一系列的几何规则之上的，因此透视需遵循近大远小的原则。古代画家和舞台设计师试着去碰触这些规则，正如我们所看到的那样，乔托以某种方式试图在壁画中给人以空间感，但“透视”最终是在 15 世纪初，由另一位佛罗伦萨人菲利波・布鲁内莱斯基创立的，他才华横溢，是建筑师，是雕塑家，也是数学家。佛罗伦萨大教堂的穹顶是一个前所未有、让人叹为观止的创造，而他就是这件作品的设计者。

在他之后，透视成了艺术家们最为珍视的东西，并广泛运用于他们的艺术作品中，直到 19 世纪末至 20 世纪初前卫艺术革命的兴起。透视技术的运用使作品产生了一种立体的视觉效果，例如安德烈亚・曼泰尼亚著名的作品《死去的基督》；弗朗切斯科・博罗米尼的巴洛克风格建筑，约 1650 年，他在罗马斯帕达宫的庭院中，建造了一个不到 9 米长的长廊，长廊中藏有一些精致的透视小游戏，椭圆形的拱顶向下倾斜，而地板镶嵌体的线条是指向上方的，实现了不平行于平面的线条汇聚在了同一个“消失点”，使得实际上只有 9 米的长廊看上去足足有 35 米长。

15 世纪的荷兰

让我们现在跳到西欧，更确切地说是到荷兰，去见见另一位绘画天才——杨・凡・爱克。他的出生地不详，可能是马塞克，也可能是马斯特里赫特。马斯特里赫特是一个闻名遐迩的地方，因为在那里签署了欧盟重要的经济条约；1673 年，贵族骑士达达尼昂在这里阵亡，他后来成了大仲马的小说《三个火枪手》的主角之一。

杨・凡・爱克的画作是绘画技术高超、色彩运用出色的典范，除了因为他自身是一个天才以外，还因为他周遭的环境造就了他的绘画特色。

杨・凡・爱克是一名精通细密画的画家。细密画是一种尺寸很小（几厘米）的画作类型，因此画家需要精湛的技艺以及超常的耐心才能够在画上描绘出细节、装饰效果真实感以及透视效果。正如在杨・凡・爱克的画作中所看到的那样，他的整个艺术生涯都有细密画的特点，精细而工整。

杨·凡·爱克也是油画技术革新者，将颜料与油混合在一起使用会使得颜色更加流畅自然。每一层颜料的干燥需要一定的时间，画家需要多次着色，最终才能得到他想要的色彩。因此，油画给人的感觉是色彩绚丽、效果逼真。《阿尔诺芬尼夫妇像》可能是杨·凡·爱克最著名的画作了，画中对于细节的细腻描绘，光与影的利用，以及墙上的镜子倒映出来的场景，使得这幅画无疑是那个时期最令人钦佩的画作之一，它见证了一种非常精致的绘画艺术，这种绘画艺术拥有众多高水平的艺术家：罗吉尔·凡·德尔·韦登、汉斯·梅姆林、耶罗尼米斯·博斯、老彼得·勃鲁盖尔、彼得·保罗·鲁本斯以及安东尼·凡·戴克。实际上，15 世纪的荷兰与佛罗伦萨都变成了当时欧洲的文化中心，或者更广泛地说，它们是整个西方艺术史的文化中心。

神灵的启示

让我们再次回到意大利，会一会佛罗伦萨大师波提切利，他受到神话故事的启示，创造了一幅绝美的作品——《维纳斯的诞生》，这幅画的灵感来自美丽女神诞生于大海的神话。

为什么我要谈论这幅作品呢？因为这幅画的创作灵感并不是来自希伯来语版的《圣经》或者是基督教的《福音书》，而是源于异教世界中的神话。在中世纪时期，像这样的画作简直是不可思议的，而正是人文主义和文艺复兴才将艺术家和学者的注意力带到了古代曾经的辉煌，才让人们重新发现被深深淹没的古代神话。波提切利以自己的方式重现了神话，他描绘了一个美丽的裸体女人，她站在贝壳上，春天的风轻轻将她吹向岸边，右侧有一个女神为她献上遮蔽身体的披风。

维纳斯的面容集合了人世间所有的美，她的美令人感到惊讶不已，因此意大利人将她的肖像铸造在了 10 分的硬币上。这幅图的绘画技术并不完美，例如从解剖学上来说，左肩和手臂是不符合人体真实的比例的。然而，这些都不重要，重要的是这幅画象征着一种生命的光辉，重要的是维纳斯以及紧随其后的玫瑰雨，还有整个画面都呈现出了一种惊人的和谐感。

文艺复兴时期的巨人

现在，这个快节奏带我们从波提切利的美丽画作来到像达·芬奇这样独一无二的天才面前。这个世界上的创造发明就没有达·芬奇不曾涉猎、不曾深入探索的，他是画家、雕塑家、植物学家、工程师、机械发明者、建筑师、科学家、哲学家以及解剖学家，他也是许许多多剧作家笔下主角的原型……其实没必要列出他所有的这些称号，正如作家特伦斯所说的那样："我也是人，没有什么人事是与我无关的！"

达·芬奇代表了文艺复兴时期人类取得的成就的顶峰，他将自己置于世界的中心，试图拥抱知识的每一个分支——从最高的思想到最先进的实验，不能忘记的是，他的手工创造。

我之所以要强调"手工"这个词，是因为在传统的亚里士多德艺术概念中，艺术分为七艺（文法、修辞学、逻辑学、算术、几何学、天文学、音乐）和机械，即辅助性艺术。自古以来，手工艺术比其他艺术低一等，被认为是一门不高尚的艺术，然而达·芬奇无视了这种分类，在他的心中，艺术没有高低之分，他认为创作一首十四行诗或是叙事诗，并不比花一个晚上刨平一块木头以呈现出想要的形状更"艺术"。因此，人类创作出的作品只有好坏、成功与失败之分，而没有高低之分。

20 世纪下半叶经历了用这种新视角来看待人类活动的另一个阶段。艺术中高与低之间的界限越来越模糊，譬如文学或音乐中的高低之分，已经变得愈发不重要了。莫扎特奏鸣曲和披头士歌曲之间的距离也大大缩短，美国艺术家罗伊·利希滕斯坦还用漫画的方法将图画展示出来，米莫·罗泰拉撕裂了电影海报，将其拼贴成了一件艺术品……篇幅有限，我们无法在这里如数家珍。重要的是，古典音乐与轻音乐之间的鸿沟不复存在了，只有好音乐和坏音乐之分。

我还是回到刚刚的节奏里吧，再次回到达·芬奇这里，或者更确切地说，应该是回到意大利文艺复兴时期的天才群体这里，在 16 世纪，这些艺术天才使得意大利文艺复兴发生了天翻地覆的变化。提到达·芬奇，那我们必须要列举出的天才还有：米开朗琪罗、拉斐尔、提香、柯勒乔、乔尔乔涅以及丁托列托。我要在这里停下来了，但你们可以继续，因为在文艺复兴之前或之后，从未出现过像这个时代如此多的天才。

是什么造就了这个时代的辉煌昌盛呢？这是一个争论已久的问题。可能这个问题永远也无法得到完全正确的答案，但是人们试图给出各种各样的回答，那么其中也必然会有部分正确的解答。在这里，我提供一种可能性。1494 年法国国王查理八世侵入意大利，对意大利来说是毁灭性的一击，因为从那一刻起，意大利沦为一个个分裂的、无足轻重的城邦国，并且政治能力、军事力量薄弱，因此可以说意大利就此从国际舞台上消失了。就在法国、西班牙和英国等国家在欧洲休养生息、巩固自己政权的时候，意大利四分五裂成了一个个大公国、公国和面积极小的领地。后来花了将近 3 个世纪，意大利半岛才终于在 19 世纪初完成了统一。意大利被大海和阿尔卑斯山脉所包围，是以大自然作为国土边界的，再没有其他领土能像这样与意大利媲美了。

然而，与政治能力薄弱相反，每个小领地的君主都希望他的城市里满是最优秀的艺术家。他们请来了宫廷画家、雕塑家、建筑师、设计师、木工、布景师、城市规划师，让他们尽其所能来修饰广场、塔楼、大教堂、钟楼以及宫殿。因此意大利在政治上少有作为的那几个世纪，却将世界上无与伦比的艺术财富传承了下来。这种时代环境使得艺术品的需求量大幅提升，同时也让艺术家的社会地位随之发生了变化，使得艺术家可以提要求，可以以自己想要的价格出售作品。因此，艺术家们从最初卑微的手工艺人摇身一变，得到了更多的认可。

知道自己是个天才

上面的这些说法将我们引向艺术家本身，他们身上还应包含这样的特质——知道自己是个天才。这似乎不足为信，因为并非所有伟大的艺术家都认为自己是一个天才。比如你想想莫扎特。这位卓越的音乐家当然知道他是一位技术高超的艺术家，他可以创作音乐作品来挣钱，比如钢琴奏鸣曲、弥撒曲甚至是节奏非常快的曲子。然而，可以肯定的是，他并不认为自己是个天才。在音乐领域中，第一位意识到自己是伟大艺术家的是贝多芬；在雕塑领域中，第一个是米开朗琪罗。

所有的图书馆都有关于米开朗琪罗的书，关于他的书全部加起来比一座 10 层高的建筑还高，我不太可能把所有的书籍全部读一遍，我更愿意专注在涵盖了他一切的一件作品上。我指的是梵蒂冈的西斯廷教堂，之所以叫这个名是因为它是教皇西斯托四世委托建造的。1503 年，与西斯托四世来自同一家族德拉罗维尔家族的侄子朱利亚诺（尤利乌斯二世）继任教皇。那时朱利亚诺 60 岁，据说，他是一个精力充沛、好战、性格很糟糕的教皇。他任命米开朗琪罗负责为教堂绘制天顶画。当时米开朗琪罗 30 多岁，他的大理石作品（《哀悼基督》《大卫》）比他的画作更出名，他十分害怕在 500 平方米大的空间画画会出错，更怕的是，他的竞争对手会利用他的错误，让他在教皇面前处于不利地位。然而，他还是接受了。但他提出了一个条件，那就是他只画他认为应该画的东西。今天，要了解他的这种勇敢并不容易，可你试想一下，那个 30 多岁的年轻人拒绝了所有的命令和规定，他要求一位年长他两倍、性格刚强的教皇允许他在一个神圣的地方自由作画，并且自行决定作画的内容。更令人难以置信的是，教皇居然答应了这一条件。为了方便在天顶上作画，米开朗琪罗自己设计了一个特殊的脚手架。他实际的工作环境是很恶劣的，他每天要在这里举起手臂好几个小时，他的鼻子离天花板只有几厘米的距离，因此颜料经常不可避免地滴落到他的脸上。只能说这比酷刑要好一点儿，常年作画导致他的颈椎僵直，以至于每当阅读的时候，米开朗琪罗都没办法低下头，只能将头往后仰。从 1508 年到 1512 年，他的世界中就只有他和绘画。无论是从作品的大小，还是从作品中蕴藏的哲思、历史以及神学（与上帝相关）的角度来说，这绝对是一件超凡的杰作。他描绘出的最著名的画作当数上帝向亚当伸出手的场景，上帝将他唤醒，并将他从一片混沌带到了光明之中。

正如我一开始所说，我再次重申，序言只是关于这本书的一个简短概括。米开朗琪罗的故事是我真心希望能激起读者阅读兴趣的故事之一，希望读者能继续对米开朗琪罗的探究，继续去发现他的其他作品，继续阅读关于他的更详尽的书籍。

超凡脱俗的画家

上面提到了米开朗琪罗，那么这里必须得说一说与他同一时期的另外两位巨人：拉斐尔和提香。在人物传记中有记载，这三位天才都出生于 15 世纪末：米开朗琪罗生于 1475 年，拉斐尔生于 1483 年，提香生于约 1489 年。米开朗琪罗于 1564 年去世，享年近 90 岁，提香是在 1576 年去世的，享年大约 86 岁，他们的寿命都很长。然而还有许多艺术家不到 40 岁就去世了，例如，拉斐尔、莫扎特、舒伯特、凡·高、席勒、莱奥帕尔迪以及兰波。同样英年早逝的当代艺术家有：凯斯·哈林、巴斯奎特，以及吉姆·莫里森、詹尼斯·乔普林、吉米·亨德里克斯。

因此，在刚才的回顾中，我们发现了两个令人敬仰、脾气暴躁的老人和一个优雅帅气的年轻人，或者应该说是一个聪慧过人的年轻人，他从众多艺术家中脱颖而出，与米开朗琪罗齐名。在这三人中，拉斐尔最配得上“超凡脱俗的画家”的称号。

拉斐尔出生在乌尔比诺，14 岁时，他来到了佛罗伦萨，在那里，他开始紧追达·芬奇和米开朗琪罗这两位伟人的步伐。最初他是在翁布里亚派画家彼得罗·佩鲁吉诺的工作室里学习绘画，后来去了罗马。在那里，艺术家的作品能得到教皇的赏识，那里充满新奇的事物，艺术家们有着极高的创作热情，当时的罗马就如同 19 世纪末的巴黎、20 世纪的纽约。当拉斐尔 1508 年到达罗马时，他 25 岁，精通绘画技巧，人缘极好。那时米开朗琪罗刚刚开始在西斯廷教堂工作，教皇尤利乌斯二世也立刻安排拉斐尔在梵蒂冈宫殿的一些房间绘制壁画，后来这些房间成为著名的“拉斐尔展示厅”。与西斯廷教堂里的作品一样，这些作品不是浅显易懂的，要读懂它们，就只能站在它们面前，长时间地、有条不紊地观察。

而要感受他的作品《庄严圣母》（木版油画）的美则要容易一些。拉斐尔 20 多岁的时候在佛罗伦萨画了这幅画，至今仍收藏在帕拉蒂娜画廊。我曾故意称它是一幅简单的画，当然这是错误的，它只是看上去简单，就像莫扎特的一些曲子，听起来称心悦耳，那是因为有非常高超的音乐技巧才能谱写而成。拉斐尔的画作中两个人物（圣母马利亚和孩子）的甜美，莫扎特曲子中旋律的优美，都隐藏在众多细枝末节当中，因此展现出来的成品少了繁复的感觉，而给人一种简单的舒适。

提香与未完成

现在，我们必须离开意大利中部，沿着半岛向北前进，第三个巨人提香在那里等待着我们，还有威尼斯的光和色彩。

在讲述提香之前，我想先停下来回忆一下带领提香踏入艺术圈的艺术家——乔凡尼·贝里尼。他的寿命很长，80多年的人生中他都在不知疲倦地将威尼斯画派推向艺术的主流。虽然我不是天主教徒，但在我的房间里，有一幅他的画作，画作中十字架的下端空无一物，耶稣在孤独地死去，后面一些墓碑上的碑文在告诉我们，我们身处一个犹太人的墓地；然而，在背景中有一座教堂、一座城堡、几栋房屋，还有和意大利更确切地说是和威内托一样的景色。这幅画里的一切都不是真实的，但这一切又是令人动容的，耶稣被钉在了十字架上，他已然死去。但是，在这里他就像是进入了另一个精神世界，似乎能把我们拉入他的世界，与我们每一个人交谈。

贝里尼的这幅作品和马蒂亚斯·格吕内瓦尔德的《基督受难》相比，简直大不相同。不同于贝里尼，德意志人格吕内瓦尔德则将现实的残酷呈现了出来，在这幅画中，由于疼痛，基督的肢体极度扭曲，变了形的头无力地垂落在胸前，他的手指在剧痛中向上伸着，这些无一不在展现可怕的刑具带给耶稣的痛苦。

提香的名气与米开朗琪罗旗鼓相当，不管是提香的画作，还是他的奇闻逸事都是人们津津乐道的话题。16世纪上半叶，据说有一天，当提香在为皇帝查理五世画肖像时，画笔不小心掉了下来，这位正摆着姿势的君主弯下腰为他捡了起来。无论这个逸事是真是假，它都让我们知道，哪怕是权力最大的人都屈服在了艺术家超凡的艺术面前了。

提香的才华以一种特殊的方式在他的画作中熠熠生辉。他并没有美化他所描绘的东西，相反，他将所有的缺陷都毫无隐藏地描绘了出来，比如年龄，比如一些不为人知的宫廷秘事。例如，在提香为教皇保罗三世所画的80岁肖像画中，这些就能一览无余。虽然这幅画尚未完成，但我们可以看到教皇肩上披着红色披肩，头戴教皇帽，在他坐着的“宝座”旁边，还有他的两个孙子：穿着红衣的亚历山德罗和奥塔维奥。这幅画传递着一个近乎残酷的信号，呈现出了教皇任人唯亲的具有争议的政治决策，在这里显而易见保罗三世更偏袒自己的家族。

卡拉瓦乔的人性

在没有可以取代意大利艺术领导地位的国家出现之前，我们不能离开意大利，也不能离开艺术最辉煌的那段岁月，在这一节之后，我们即将离开。最后，这里必须要提及的是一位有争议、有才华的人物——卡拉瓦乔。拉斐尔试图在画作中呈现出美感，而卡拉瓦乔与拉斐尔完全相反：早在现实主义在欧洲成为文学和艺术潮流之前，他就已经是一位现实主义画家。在他的画作中，任何出现在我们眼前的现实都不曾遗漏，包括所有丑陋与肮脏的一面。比如，耶稣秃顶的弟子们，他们由于年龄或者疲劳而佝偻着身体，他们的衣服粗糙，双脚满是污垢，他们的眼神木讷而带着虔诚的哀求。例如，我想到了在罗马圣奥古斯丁教堂中的《朝圣者圣母》：男人双脚脏兮兮的，和他一起的女人随意将自己的头发裹在一块脏抹布里，当然还有他们破旧的衣服，这些都让人感觉心慌意乱。他们面前的台阶上是圣母马利亚，在这里她毫无神性，只是一个普通的抱着孩子的年轻女子，她警惕地看着在她面前向她祷告的人。从来没有人敢描绘出如此具有人性、可怜的圣人形象。

卡拉瓦乔是伦巴第人，大部分时间是在罗马工作，16 世纪到 17 世纪之间的罗马是绘画领域的中心：这里完美地将光呈现出来，令人着迷的遗迹的重现，无一不在吸引着欧洲各地的艺术家们。

由于宗教以及政治的原因，罗马和意大利艺术中心的地位注定是要渐渐消失的。1517 年，德意志神父马丁·路德发起了一场革命来抗议教会的腐败，这场宗教改革运动使得欧洲北部的大部分地区和罗马分裂开来。随着新教信仰的诞生，开启了基督教的一个新阶段。梵蒂冈的当权者召开了一场断断续续、历时近 20 年（1545—1563）的宗教会议，并以“特兰托会议”的名字被载入史册，这是由教皇保罗三世主持的会议，我们刚刚提到提香的时候就有提到过他。这次会议的主要决议是：重申天主教会的垄断地位，天主教会旧的教条和仪式是不可更改的，不管是艺术上还是科学上都必须严格遵守。

意大利的文化遭到了严重的破坏，科学研究和艺术表达上都受到了影响。由于这些严苛的规定，哲学家布鲁诺在罗马鲜花广场被活活烧死（1600 年 2 月 17 日）；33

年后，伽利略被判有罪，原因是他认为太阳是静止的，地球是围绕太阳转的。虽然这些都是事实，但对于那些多年以来都持相反意见的人和那些继续支持错误的科学假说的人来说，这都是令人恐惧的。

那么今天呢？

我的简要回顾就到这里，到 17 世纪初这个复杂、有成就也有错误的世纪。在接下来的几年里，艺术历史的长河仍在缓缓向前流去，艺术家们不断完善他们的绘画技艺，不断尝试更多表达情绪的方式来描绘现实，也因此为人类、人类生活、人类的风俗习惯作了见证。

意大利又涌现了许许多多出类拔萃的艺术家，然而意大利却没有继续保持它在艺术领域的领导地位，意大利不再是世界的艺术中心。对于这个国家、这个半岛来说，相较于其他世纪，无论是在艺术史上，还是在政治、哲学和文学史上，18 世纪和 19 世纪的意大利都是很黯淡的。促成这两个世纪各方面都不出众的原因有很多，这也成为日后人们深入分析的历史主题。新的艺术和思想潮流在其他地方得到蓬勃发展，比如在法国、德国以及英国。甚至在大西洋彼岸，艺术开始逐渐成形，并随着时间的推移，形成了今天这个强大的美国文化。

在 19 世纪下半叶，世界文化中心变成了巴黎。新的艺术潮流诞生在了法国的首都，在那里有能随时给出反应的市场，有接纳新事物的氛围，有敏锐的思想，让艺术家有机会自由发挥自己的才华。

在 19 世纪末至 20 世纪初的几十年里，巴黎是地球上最繁华、最热闹的城市。它吸引了世界各地的艺术家，已然成为世界艺术的中心，它有着一种非凡的活力，并将这股活力注入各个创作领域，不仅是具象艺术，还有文学、戏剧、音乐以及芭蕾领域。这也是人们感受生活、好好享受时光的一种新方式，这些岁月也被人们称为“美好年代”，可能对于能够享受这大好时光的人们来说才是美好的时代。许多的意大利艺术家也搬到了巴黎，比如第一批去到那里的人——乔瓦尼·波蒂尼，他就在那里形成了自己的风格。随之还有德尼蒂斯、科尔科斯、德·皮西斯、德·奇里科，以及未来主义的代表人物吉诺・塞维里尼和 1906 年到达那里的阿梅代奥・莫迪利亚尼。

历史的另一个新阶段是在第一次世界大战之后，从欧洲尤其是从巴黎和柏林开始了一段短暂的艺术辉煌时期，这段时期空气中弥漫着对生活的极大渴望，充满了新音乐、爵士乐的狂热，充满了从前不曾有过的言行自由，充满了像查尔斯顿舞这样的新舞蹈。这种喜悦铺天盖地，这一时期的欢乐就像是一种自我救赎。然而，这一时期并没有持续很久，大约 20 年，正好是 1939 年 9 月 1 日，德国引发了另一场灾难性的世界大战。

不幸的是，意大利站在了错误的一边，意大利在 1940 年 6 月 10 日加入的那场战争中，成为德国的盟友。1945 年 4 月 25 日，一段悲惨的时期以意大利的解放而告终。

在那场战争中，美国迅速成为一个世界强国，从文学到电影，从音乐到时尚，再到语言，都遥遥领先于其他国家。此外，美国获得的诺贝尔奖比所有其他国家获得的总和还要多。也因为互联网，美式英语已经成了国际交流通用的语言。在具象艺术领域也是一样的，从 20 世纪下半叶开始，巴黎被驱逐出局，纽约成为世界艺术之都，现在仍然如此，除非有一天世界发生巨变，否则世界艺术之都不会变迁到世界上的其他地方。

尽管当代艺术不再主要是以绘画的形式来表现了，通常还有装置艺术、视频、大地艺术等形式，但是在今天，艺术也向我们提出了 17000 年前在拉斯科洞穴中提过的问题，它就像是在一面镜子中望着我们，问道："生命是什么样子的？是什么让我们成了人？"

※ 本书中的 100 幅插画是插画师在原艺术作品基础上，或将艺术家的肖像融入其中，或结合艺术品本身的特点，创作了富有想象力的全新的艺术画面。

目录

插画：盖亚 · 科波拉

一切从岩洞说起

拉斯科岩洞壁画

Le pitture rupestri di Lascaux

公元前 15000 年

曾经有人因为你在墙上作画而责备你吗？那么他们都错了，因为早在 17000 年前，早在远古时代，壁画艺术就是这样诞生的。壁画艺术先于农业文明，先于文字，先于房屋建筑，先于很多伟大的发现、设想和发明，先于所有那些成就如今的我们的一切事物。

在拉斯科洞穴中，有 600 多幅绘制在岩壁上的图画，有红色、黄色、黑色等多种颜色，这些颜料均是从矿物中提取出来的，比如铁和煤。那个时候没有画笔，所以原始祖先们是用蕨草，甚至是头发来作画的，有时还会用骨管吹喷颜料来着色。就这样经过一代又一代，早期的绘画者们完成了整整 6000 个图案，其中多为动物画像，如野牛、野马、鹿，以及一些在欧洲不复存在的动物，比如犀牛，甚至还有一些已灭绝的动物，如原牛，以及一种高达 2 米的巨型公牛。

一些动物是由简单的线条勾勒而成，线条虽简，但要辨别出动物种类并不难；另一些动物则进行了全身上色。这些动物画像唯一的共同点是都是侧身像。如此你就能看到完整的头部、躯干、尾巴以及四肢。要在洞顶作画就必须搭梯架，可为什么史前时代的先祖们要如此劳心费力地画画呢？他们为什么要在岩洞里作画，难道这里有火，能够让人看清楚这些画？可能他们只是为了在岩壁上记录下他们的狩猎成果，或者这些图案是一种巫术，用来祈求丰收，抑或这些都只是他们美好的幻想？我们将永远无从得知，但可以确定的是，和壁画一起诞生的还有艺术的美以及艺术的奥秘。

从前我们一直在寻找宝藏，但是我们从没想过，我们真的能找到。

插画：苏珊娜·莫拉里

永恒的追求

尼巴蒙墓室

LA TOMBA DI NEBAMUN

公元前 1350 年

还记得你什么时候学会写所有字母的吗？如果是在古埃及，则需要花更多的时间和耐心。他们的文字包含了 1000 多种不同的符号，这些符号是一个个实在的图案。一个符号代表一个含义，比如，图案“眼睛”意思是“我”，图案“猫头鹰”对应英文字母“M”；而有的时候，符号描绘了一个动作，比如，一个人将手放在嘴上，意思是“吃饭”或“说话”。古埃及的语言体系十分复杂，因此，谁精通古埃及文，谁就能成为书记官，成为这个国家非常重要的人。

尼巴蒙是 3000 多年前的一个书记官，死后被埋葬到一个大得像房子一样的墓室里，由此可以看出他在当时的地位。对古埃及人而言，死亡是生命的延续，人死后会以另一种形式继续存在，所以他们会用壁画来陪伴身处另一个世界的自己。他们还会在墓穴里放入食物、衣服，以及能在冥界为他们效力的仆人小塑像，在所有的壁面上画上墓主生活的场景，以及重生的画面。

依照上千年来的传统画法，为了能清楚地描绘出眼睛，脸部是侧着的，身体则是正着的，以便展示全身。在尼巴蒙墓室里的一幅壁画上，尼巴蒙在一片沼泽中泛着小舟，兴高采烈地猎捕他周围的飞禽，幸运的是，他竟徒手抓住了一只鸟！这幅画描绘的是尼巴蒙死后重生的生活场景，壁画上还有些许文字解释道：“他正在享受着重生后永恒且幸福的生活。”这幅画的意思是你可以永远幸福地做你最想做的事情，这对于古埃及人来说，就是活在天堂里！

对古埃及人而言，书记官是法老之外最重要的人物。

插画：盖亚·科波拉

埃及王后

图特摩斯

Thutmose

公元前 1340 年

如果 3000 多年后，未来世界的人发现了一张你的照片，你觉得他们会想些什么？他们会非常仔细地观察你，尝试搞清楚你是谁，你叫什么名字。100 年前，德国的考古学家们在埃及的一片废墟之下，发现了一尊女人的绝美半身塑像，于是，他们就这么做了。

图特摩斯大约是 3000 年前的一个宫廷雕塑家，考古学家们对他生活的时期进行了分析，在对这位气质非凡的女人进行更深入的研究后最终确定，这就是王后纳芙蒂蒂。通过这尊雕像，你能欣赏到早期最著名的人物肖像；通过它，艺术会带你穿越时空隧道，来一场奇妙的旅行，让你与法老阿肯纳顿的王后纳芙蒂蒂来一次相会。人们猜测她是一位移居埃及的外国公主，正如她的名字，也在诉说着她的故事，“纳芙蒂蒂”的意思是“迎面而来的美人”。她的美毋庸置疑，哪怕如今，也能通过雕像感受到她的美丽动人。

图特摩斯雕刻的半身塑像非常细腻地呈现出了她的美：脖子细长，轮廓精致，鼻子直挺……她的脸是世界上最知名的脸孔之一，而她的丈夫，阿肯纳顿法老，则几乎立刻就被人们遗忘。事实上，阿肯纳顿对古埃及的宗教进行了改革，在众多的神祇中，尊崇太阳神阿吞为唯一的神，为此，还建立了一座新城，并迁都于此。据说，纳芙蒂蒂和丈夫平起平坐，共同治理国家，也参与了这一重大决议。但随之发现了描绘她英勇抗敌的画作。因此，人们也猜测，她可能是独自掌权，是一名史无前例的女法老。

阿肯纳顿死后，继任者摒弃了他在宗教、政治上的改革，将他的名字从所有历史记载中抹去，他从此销声匿迹。而纳芙蒂蒂，多亏了她的塑像，她如今还能与我们同在。

纳芙蒂蒂的雕像是如此美丽又栩栩如生，
以至于我们仿佛还能问她 3000 多年前的生活是怎样的！

插画：盖亚·科波拉

墙上的野兽

巴比伦之狮

I leoni della porta di Babilonia

公元前 575 年

如果你在城门口发现一头威猛的狮子，你是会进城还是逃跑？正如很多古城一样，古巴比伦城被高大的城墙围住，以此来防御，仅有 8 个城门可进出，在最壮观的城门上，还雕刻了一些威武的狮子迎接路人。

当人类结束了洞穴生活，就建立起了村落，人们在村落里生活、工作、抵御外敌，随后还建起了最早的一些城市，如巴比伦（位于今伊拉克）。村落里不务农的人们就可以去城里，如此就诞生了一些新的身份和工作，如教士、政治家、军人以及艺术家。当时的国王尼布甲尼撒二世，想要通过宏伟的建筑来彰显自己的功绩，因此大兴土木。他重整了整个巴比伦城，在宫殿的屋顶上修建了生机盎然的空中花园。伊什塔尔既是仁慈的爱神也是威严的战神，因此在北门，还建了一个以伊什塔尔命名的伊什塔尔门。

墙上威严的狮子是侧向的，就好像是沿着城垣排着队一个接一个地在行走。所有的外墙都是由色泽明亮的蓝色琉璃砖砌成，因此，城墙就像是光彩夺目的宝石。在这个流光溢彩的墙面上，雕刻了 120 只真实的抑或是想象的动物，比如公牛和龙。新发明的浮雕技艺让这些动物就像是真的一样，仿佛能听到它们咆哮似的！狮子是伊什塔尔的神兽，能让敌人心生畏惧，整个城墙上有一支庞大的动物队伍，这象征了伊什塔尔女神和狮子会用各自的力量来保护这座城，而不是要驱赶城门之下的人们，所以你不要担心，也不要逃跑，跟着狮子走就好，欢迎来到巴比伦！

亚历山大大帝也曾走过巴比伦的城门。

插画：大卫·斯佩尔塔

英雄正在游戏中

埃克塞基亚斯

EXECHIA

公元前 550 年

很可能你早已不记得第一次玩游戏是在什么时候了，因为我们都是在很年幼的时候就开始玩游戏了，小时候可能还有一些印象，但现在还有吗？而我们的人生，就是从游戏开始的。不只是小孩，成年人也会玩游戏，虽然他们总是不承认，但无论哪个年代，世界上每个地方的人都会玩游戏。正如埃克塞基亚斯向你展示的那样，古时候的英雄们也玩游戏。

埃克塞基亚斯是一个 2500 年前制作出双耳陶罐的古希腊制陶工人。双耳陶罐是有着大手柄的古陶罐，用泥土塑形，然后入窑烧制，最后变硬而成，也称为“赤陶”。埃克塞基亚斯将陶罐与绘画结合了起来，他在赤陶上用黑色颜料描出图案，然后刻上自己的名字，所以，他的名字是我们所知的最古老的艺术家名字之一。古时候，人们对美好事物和艺术的热爱已然把世界融为了一体，虽然埃克塞基亚斯在希腊雅典工作、生活，但阿喀琉斯、埃阿斯的故事和这个陶器是共同在意大利武尔奇的伊特鲁里亚墓室中被发现的。

《伊利亚特》是一首叙事诗，阿喀琉斯和埃阿斯是诗中的两个主角，这首诗讲述了特洛伊城多年被希腊人围攻进而发生的故事，是世界上最古老的故事之一。阿喀琉斯是由一个凡人和一个女神所生，是一个勇猛且疯狂的战士，除了脚踵的弱点以外，几乎刀枪不入。埃阿斯是力量上稍逊于阿喀琉斯的第二大战士，阿喀琉斯比埃阿斯更年轻，所以左边胡子稍短的那位就是阿喀琉斯。陶罐上，阿喀琉斯和堂兄弟埃阿斯正在安静从容地掷着骰子，这在《伊利亚特》中是没有的，是埃克塞基亚斯为了突显自己的才智而创作的。在这里，英雄们虽然玩着游戏，但敌人就在附近，阿喀琉斯甚至都没有把头盔从头上摘下来，他们仍将武器扛在肩上，时刻准备着回去战斗。遗憾的是，游戏的精彩以及他们对游戏的热衷，似乎都不能将他们从战争的丑陋中拯救出来。

埃克塞基亚斯用这么一个场景讲述了多少英雄往事呀！

插画：保罗·莫斯切尼

伊特鲁里亚人的晚宴

夫妻石棺

IL SARCOFAGO DEGLI SPOSI

公元前 520 年

你的父母和朋友们聚餐时，你玩得开心吗？多亏了《夫妻石棺》这个杰作，它不仅让我们知道了 2500 年前的人们也会和朋友聚餐，也让我们知道了伊特鲁里亚人的晚宴是多么特别。伊特鲁里亚人是古时候生活在意大利中部大区的人群，和古罗马人既有亲缘关系，又有敌对关系。仅有部分伊特鲁里亚语被解读出来，但不再有人会讲这种语言了，因此对于伊特鲁里亚人，我们知之甚少，但是通过他们的墓室，我们了解到了他们的风俗习惯。不同于我们的坟墓，伊特鲁里亚人有一个称之为“死亡之城”的大型墓地，墓地与我们的城市类似，有广场、街道以及很多小房子。这些坟墓都是一个个真实的房子，每一个房子里都有很多衣服、珠宝，甚至还有粮仓。《夫妻石棺》就是在罗马附近的城市切尔韦泰里的古墓中被发现的。

《夫妻石棺》是艺术家用赤土做成的，呈现出了宴会中人们在卧榻上进食的场景。一个男人和一个女人正舒服地躺在卧榻上。他们是一对夫妇，在携手走完一生后，决定生生世世在一起。伊特鲁里亚女人可以自由参加宴会，在家里和工作中也有发言权，而这对夫妻处于同一高度，也象征着男女平等。但这在古代是特例，比如邻近的希腊人和罗马人，他们对待女人的态度就糟糕得多，他们甚至不允许女人一道列席。所以，有时候我们只需要观察人们在晚宴上的行为，就能知道他们的很多故事。

看看这对夫妻笑得多甜，只要能够在一起，死亡又有何惧！

插画：盖亚 · 科波拉

掷铁饼

米隆

MIRONE

?—前400年

你觉得人类能冻结时间吗？2500年前，雅典雕塑家米隆就用他的作品《掷铁饼者》试图让时间停下来。《掷铁饼者》是一个正在掷铁饼的年轻人的雕像，正如奥林匹克运动会，掷铁饼也是源于希腊的一种体育运动。现如今，我们在电视上看到运动健将，会感叹他们简直就是英雄。如果是在古代，他们会更受人喜爱，并且人们会用像《掷铁饼者》这样的雕塑作品来为他们庆贺。

如果你仔细观察的话，你会发现掷铁饼者全身赤裸，展现出他长期经受训练的强健体魄。运动员在爆发力量掷出铁饼的瞬间，胳膊就像是一张拉满弦的弓，但是，米隆暂停了这一时刻，停住了引而不发的这一刹那。可你不觉得仿佛已经看到了剩下的动作，看到了铁饼被抛出去的那一瞬间吗？这就是雕塑家的难能可贵之处，他让我们看到了即将发生的事情，由此《掷铁饼者》迅速闻名于世。我们现代人如果想用知名的艺术作品装饰家，就会买类似的作品，但在从前，人们会直接重做一个完整的雕塑，因此，虽然《掷铁饼者》原作已经遗失了，但复制品却保留了下来。

米隆在雕刻《掷铁饼者》的同一时期，希腊的一些思想家也正在通过数学探索大自然的规律。于是他根据这些规律，用几何线条来构建掷铁饼者身体的各个部位。你有没有注意到，除了胳膊形成的弓形以外，另一侧的手臂是从胸部弯向腿的？米隆就是用这些简单的线条，将掷铁饼者的身体以及灵魂都诠释得如此美丽，是一种平衡的和谐美。即使他正在发力，他的面容也是很平静的！

希腊人每天都在生活与艺术中寻找和谐之美。

插画：大卫·斯佩尔塔

遗失的奇迹

菲狄亚斯

FIDIA

约前 490—约前 430 年

据古希腊人所说，菲狄亚斯在快完成《宙斯像》时，曾到奥林匹亚询问神王宙斯是否喜欢他的雕像，神王做了一个手势，然后朝雕塑下方降下一道霹雳闪电以表赞同。菲狄亚斯一直被公认为雅典雕塑家中最伟大的一个，然而无论你多么想一观他的作品，都无法实现了，因为所有的雕塑都已遗失，幸而古罗马人留下了复制品，让他可以流芳百世。

公元前 5 世纪末，雅典建立了民主制，同时期，雅典卫城得以重建，成为艺术发源地，菲狄亚斯功不可没。他还致力于帕提侬神庙的修建，并完成了雅典娜女神像的雕塑。此外，在奥林匹亚，他建造了一个高达 12 米的宙斯巨像，宙斯的身体是用象牙等制成，而象牙是从可怜的大象那里获取的，他的衣饰、脚饰、手中的权杖均是黄金制成，他坐的宝座也是由一些贵重的材料做成。菲狄亚斯在雕塑上还留下了一些私人的东西，他在神王的手指上刻上了“潘塔斯是帅气的”字样，以此作为礼物赠给他喜爱的年轻人，一个在奥林匹亚竞技会上的获胜者。

《宙斯像》被认为是古代世界七大奇观之一，先祖们也认为这是人类作品中最为超凡的一个。卡利古拉皇帝就深深被塑像吸引，因此他千方百计想把它运回罗马，并把自己的面孔替换上去，如此就能感觉自己也是一个神。但据说，当工匠们来搬运的时候，雕像突然发出大笑声，工匠们被吓得四散而逃，于是雕像就留在了它原本在的地方。然而，不知道是在何时，雕像消失了，正如我们对菲狄亚斯一样知之甚微。但是几十年前宙斯巨像再一次展现出了它的神奇：1958 年，考古学家们在奥林匹亚宙斯遗址挖掘时，找到了一个小酒杯，杯子底部刻有文字：“我属于菲狄亚斯。”所以，这杯子考古学家们可能是在菲狄亚斯的画室遗址中找到的，又或许，他们恰好是在上千年前神王降下闪电的地方。

不只是希腊人，每个时代的艺术家们都公认菲狄亚斯为最卓越的艺术家，人们都在模仿着他。

插画：苏珊娜·莫拉里

爱上雕像

伯拉克西特列斯

PRASSITELE

约前 400—约前 300 年

你想想看，在水里自由自在地戏水、游泳……这多么舒服呀！不，应该说这是一次难忘的体验，哪怕是像阿芙洛狄忒这样的女神也喜欢，希腊雕塑家伯拉克西特列斯应该这样想过，所以，他做了一个大胆的决定，雕刻出了脱去衣服的女神迈步走向水中的场景，展示出了全身赤裸的爱神阿芙洛狄忒（罗马人称之为维纳斯）。彼时，不曾有人制作过全裸的女性雕塑，更何况是女神，这对于男性英雄塑像来说是很常见的，但是呈现一个衣不裹身的女人，则引起了不小的轰动。甚至还有人说，雕塑的原型就是伯拉克西特列斯的情人——整个希腊最美丽的少女芙留娜。

起初科斯岛拒绝了这个作品，因为在神庙中陈列赤裸的雕像十分不庄重，但他们也要求伯拉克西特列斯继续完成它，随后雕塑被克尼多斯的人买走，很多游客慕名而来瞻仰女神的美貌，克尼多斯也由此变成了旅游胜地。

你看看这坚硬又冰冷的大理石雕像，她眼神羞涩，启齿微微含笑，仿佛被注入了生命，变成一个鲜活的美人。据希腊人所说，神威强大耀眼，不可直视，如果一个凡人看到神明，就会失明。但是在这个雕像这里，人们既没有失明，也没有头晕目眩，而是深深地爱上了它。据说，雕塑越来越出名，连阿芙洛狄忒女神自己也去克尼多斯观赏自己的雕像，发现和自己竟十分相似，于是惊讶道："伯拉克西特列斯是在什么时候见过我裸体的？"

甚至还有人深夜潜入殿中，试图一亲芳泽！

插画：马可 · 拉塔利亚塔

维多利亚的翅膀

萨莫色雷斯的胜利女神

LA ΠΦKΞ DΦ SΔMΩTRΔCΦΔ

公元前 2 世纪

你想知道如何飞翔吗？人类梦想飞上天空已经好几千年了，直到 100 多年前，才发明了飞机。以前人们总是幻想能飞的应该是一些神奇的生物，或是怪物，抑或是像希腊胜利女神尼姬一样有着美丽翅膀的神明。

在希腊神话中，尼姬是提坦神帕拉斯和斯梯克斯的女儿，帕拉斯是最古老的神之一，斯梯克斯是掌管连接凡间与冥界的冥河的河神，这两位神共育有四个孩子：力量之神克拉托斯、暴力之神比亚、热情之神泽洛斯，以及胜利之神尼姬。这个非同寻常的家庭的四兄妹，是智慧、力量和权力的化身，所以常常会被宙斯带往战场，帮助他战斗。尼姬总是在空中驾着战车载着神王去战斗，或是展翅翱翔于战场之上，给胜利者戴上桂冠以作嘉奖。你知道《萨莫色雷斯的胜利女神》这个雕像吗？这是一尊在希腊萨莫色雷斯岛被找到的女神像，它的名字也来源于这座岛。它的手臂和头部早已遗失了，但这丝毫未损女神的磅礴气势。展翅的女神像高达 2 米多（现存部分），因为在公元前 2 世纪创作它的时候，雕塑家们不再一味追求写实，而是善用了夸张的手法，让人们更觉惊叹。你想象一下这个画面：胜利女神在一次重要战役取得胜利后，降落于船头，为水手戴上桂冠。你再想象一下：女神像位于二层高的喷泉之上，下方的石块和水呈现出了海浪拍打船舰的场景。当时希腊人看到如此栩栩如生的女神像就是这么想象的。女神像诞生于希腊艺术盛行的时期，就像一个演员置身于戏剧舞台，有人创作，也有人懂得欣赏。看着女神雕像，仿佛能感受到海风拂过，女神衣袂飘飘，展开双翼，天高海阔任逍遥。

据说希腊人砍掉了胜利女神的翅膀，因为这样女神就会永远与他们同在。

插画：苏珊娜·莫拉里

洞穴宫殿

金宫

LA DOMUS AUREA

公元 64—68 年

1480 年，一个年轻男孩途经罗马七丘之一的埃斯奎利诺山时，一不小心掉进了一个大山洞，当他再次睁眼抖落掉背上的尘土环顾四周时，发现自己掉入了一个四周壁面画着奇怪生物图案的洞穴里。然而他当时并不知道，自己使古罗马人的画作得以重见天日。

当时所有杰出的艺术家，拉斐尔、米开朗琪罗、本韦努托·切利尼……在得知这一发现后，都陆续攀绳而下，来到这个黑暗的地下世界，借着烛光潜心研究壁面上怪异的图案。艺术家们当时并不知道自己穿梭于宫殿的房间和走廊之间，只知道自己身处洞穴之中。后经考证，才发现这是金宫遗址。金宫曾经是尼禄皇帝富丽堂皇的宫殿，但因为他犯下了滔天大罪，在他死后，人们决定抹去所有关于他的痕迹和记忆，并用泥土掩埋了他的宫殿，然而，也正是这些泥土使得金宫中的壁画得以保留下来。

在这些壁画之中，艺术家们还发现了极少的在 16 世纪被称为“怪诞画”的古罗马画作。现在这个词已然变成了一个你可能听过的形容词——“怪诞”，这个词形容的是一些奇怪的、离奇的，还有点令人不安的东西。正如那些壁画：动植物交织在一起，植物叶子的马腿，鹤腿的人类，树枝构成的柱子和拱门，花茎中诞生的小孩……“怪诞画”简直是古代艺术家们自由无边的幻想游戏。金宫重见天日时，欧洲正处于文艺复兴时期，罗马、希腊艺术也再次兴起，人们认为，绘画是严谨的，需遵循一般秩序，按照几何规律进行。然而，先祖们却充分展现出了自己丰富且光怪陆离的想象力，于是，文艺复兴时期的艺术家们也开始通过怪诞画来释放自己的想象力。

下一次你跌倒时，也注意观察四周，可能你也会有重大发现！

插画：弗吉尼亚·塔罗尼

大理石连环画

图拉真纪功柱

LA COLONNA TRAIANA

公元 113 年

你喜欢连环画吗？你喜欢别人用图画的方式来讲故事吗？古罗马时期，人们发明了一种类似连环画的技艺，修建了“图拉真纪功柱”。但是和如今的连环画不同，它不是由纸和图案构成的，而是由大理石和浮雕构成的。公元 2 世纪，图拉真皇帝征服了达西亚（在今罗马尼亚和部分匈牙利地区），于是决定将战功雕刻在近 40 米、比一座 10 层的建筑还高的纪功柱上。

在修建过程中，皇帝的建筑师们遇到了一个棘手的问题：柱子表面不像木板或者画纸一样平整，而是曲面的，那么应该如何利用弯曲的柱面将不同时期的军事作战展现出来呢？于是，他们就有了这个独特的想法：围绕柱身雕刻带状图案。如此，人们绕着柱子走动，仰起头就能看到了。如果能将纪功柱上的带状图画展开，大概有 200 米长，柱身上刻画了 100 多个场景，雕刻了整整 2500 个人物浮雕，如水手、士兵、将军……那个时代，行军、战前准备都需要大量的时间，所以柱面上描绘的战斗场面并不多。图拉真皇帝是整个故事的主角，共出现了 200 多次，并总是以率领军队作战的形象出现。纪功柱是为了政治宣传，用来歌颂皇帝的丰功伟绩的，因此哪怕君主对人民施以暴行，也不会被雕刻出来。

彼时，众多雕塑家们聚集起来，用浅浮雕技艺完成了工程浩大的纪功柱。为了防止雕刻过程中，大理石碎块落下，破坏下端已完成的图案，他们是从上往下创作的。纪功柱屹立在两个图书馆中间，人们从图书馆的楼梯逐级向上，就可以近距离欣赏到纪功柱，还能看到雕刻在纪功柱高处的细节。

要读懂大理石连环画确实不容易，但更不容易的是，纪功柱屹立不倒 1000 多年了！

插画：盖亚 · 科波拉

哲学家皇帝

马可·奥勒留骑马像

LA STATUA EQUESTRE DI MARCO AURELIO

公元 176 年

为什么人们要制作伟人的雕塑、修建纪念性建筑物？是为了让鸽子有栖息之地，还是当我们欣赏它们的时候，让我们好奇雕刻它们的人是谁？都不是，它们的存在，既是为了颂扬曾经的伟人，也是为了向我们诉说他们的传奇。马可·奥勒留是罗马帝国的皇帝，他骑马的雕像也有着独一无二的故事，它来到我们身边，只是因为一个偶然。雕像是由青铜制成的，中世纪时期，大部分类似的纪念物都被熔化成贵重的金属卖掉了，然而，这座雕像被误认为是君士坦丁大帝的雕像，所以保留了下来。因为君士坦丁大帝是第一个信奉基督教的古罗马皇帝，因此即使在罗马帝国衰落之后，他也依旧受人们尊重。

马可·奥勒留骑马像高达 4 米，甚至更高，它宏伟壮丽，但与其他和宫殿一样高的皇帝雕塑相比，它也是渺小的。这与马可·奥勒留的经历密不可分。他虽然掌管罗马帝国将近 20 年，但是他从小是被作为演说家和哲学家来培养的，是一个文人。起初，他并不想要争夺王位，但是在那个年代，罗马帝国陷入困战，危机四伏，因此他不得不拿起武器，成为一名战士。

雕像上的马可·奥勒留是一个智者的形象，他的面容果敢且平静，可能在马前蹄的下方，有一个被俘虏的敌人，所以他坚定平和地向前抬起胳膊，用这个手势赦免他，让他幸免于死亡。雕塑从各个角度向我们展现了哲学家皇帝的力量与智慧，胜利与怜悯，正如马可·奥勒留在《沉思录》中所写的那样。《沉思录》是他在漫长的军事远征中写下的日记，本来是写给自己看的，但在他死后，日记就被公开了。在日记中，他记录下了关于自己生活的一切，他写道："活得开心所需甚微。"谁知道活得开心需要的极少东西里，是否包括拥有一个纪念雕塑！

哪怕马可·奥勒留既没带武器，也未穿盔甲，我们也知道，他是一位骁勇善战的皇帝。

插画：苏珊娜 · 莫拉里

皇帝拼图

圣维塔莱教堂的镶嵌画

I MOSAICI DELLA BASILICA DI SAN VITALE

公元 546 年

你喜欢玩拼图吗？拼图时，你需要把很多零散的小碎片拼凑在一起，这些单独的小碎片没有什么特别的含义，但是，按照正确的顺序拼凑起来，就能构成一个完整的图案。镶嵌画和拼图类似，是一种非常古老的绘画技艺，起初只用于几何装饰物，随着不断地完善发展，也用来描绘人物，正如拉韦纳城圣维塔莱教堂的镶嵌画。

公元 6 世纪，统治意大利的不再是罗马帝国，而是由罗马帝国分裂出来的东罗马帝国，其首都是拜占庭（现在被称为伊斯坦布尔，位于土耳其），而意大利的权力中心则变成了拉韦纳，因此，在拉韦纳建起了很多纪念性建筑物。你看看圣维塔莱教堂中查士丁尼皇帝的镶嵌画，你第一眼就能从人群中找到他，因为他是唯一一个头戴皇冠、身披深色长袍、被圣光笼罩的人。通常神明头上才有圣光环，由此也能看出，查士丁尼是教会的最高首领。

基督教的到来改变了古代世界，也改变了古代艺术，人们不再像希腊、罗马艺术的写实风格那样，只忠于真实，而是更注重精神层次的表达。你看看这画上的人物，他们的身高基本一致，仿佛没有任何重量，飘浮在空中似的，这不是画家画错了，而是拜占庭艺术风格就是如此。他们通过艺术创造了精神世界，更注重的是精神，而不是身体，也不是眼睛，虽然我们必须用眼睛才能欣赏到这个作品的美。镶嵌画的天空是金色而不是蓝色的，金碧辉煌得让人眼花缭乱！

镶嵌画类似于拼图，只不过是用了你喜欢的石块来拼凑而已！

插画：保罗·莫斯切尼

细密画奇遇记

首字母

Le Lettere Miniate

10 世纪

你更喜欢有插图的书还是没有插图的？现在，许多人认为附有插图的书籍是给小孩看的，但是在过去，对于大人来说，重要的文字都需配有插图。

在古代西方，第一本书是用易损坏的莎草纸制成的。到了中世纪，人们就开始使用羊皮纸，这是一种被刮得很薄的小羊皮，更耐用，且更适合上色。自此，人们就可以更好地装饰书的每一页，将图画穿插在文字中。细密画就此诞生了，它们将书页和单个的字母变成了精致漂亮的艺术品。书籍中各个章节的首字母设计得比其他字母大得多，且颜色鲜艳明亮；有时候，当首字母被树叶、植物图案覆盖，或是字母里画有动物、书中的一个人物时，首字母就是很紧凑的；有时候，首字母还会讲述故事的一部分，比如在字母的空白部分插入故事场景：一个骑士在大大的字母 R 里逃跑，一条龙住在字母 D 的肚子里！

要完成这种图书，需要许多人真正进入作坊加工制作，所以每本书都非常昂贵。除此之外，还有些书是手抄员花费很多时间精力誊写的，所以有时候还会出现错别字。事实上，不同艺术家专注于书籍不同部分的插图设计，比如谁设计首字母，谁用植物和花朵填充纸张侧面的空白之处，谁设计整页纸的图画。

你为什么不尝试装饰一下你曾读过的书呢？

插画：大卫 · 斯佩尔塔

玻璃的故事

沙特尔的彩绘玻璃

Le vetrate di Chartres

1145 年

你有没有想过，人们还可以利用光来画画？几个世纪以来，人们虽制造出了彩色玻璃，但在很久以后，直到建了沙特尔教堂，人们才将彩色玻璃片合在一起，并在上面绘制图案，如此才诞生了沙特尔教堂中的彩绘玻璃。

哥特式艺术诞生于中世纪末期的法国北部，给当时的建筑艺术带来了一场变革。人们渐渐懂得了如何在没有厚墙的情况下，修建教堂宏伟的拱顶，所以，拱顶不再是由小石块镶嵌而成，不再那么厚重了，它们可以由绚丽的彩绘玻璃构成，也可以由透明玻璃制成的类似于马赛克的装饰物镶嵌而成。不同颜色的玻璃片叠加在一起，就能渲染成另一种颜色，就像是你在画水彩画的时候，会把几种颜色混合起来，从而得到你喜欢的颜色一样。然后，再用熔化的铅将各个不同的玻璃片固定在一起，并用深色铅丝给图案的轮廓描边，就像铅笔画线一样，可以将一个个不同的色彩划分开来。

通过这种技术，人们就能够画出完整的图样，用图画向进入教堂的人讲述《圣经》中的故事。那是一个几乎没有人能负担得起上学费用的时代，所以人们无法识字，而对于穷人来说，彩绘玻璃就成了一种他们可以阅读的“书”。与镶嵌画不同，在那个还没有电的时代，彩绘玻璃不仅装饰了大教堂的墙壁，还给建筑物里边带来了光明，带来了炫目的色彩。这都多亏了艺术家们，才能成功利用光线来绘画。

这些窗户的颜色是如此特别，其中有一种蓝，称为“沙特尔蓝”。

插画：保罗·莫斯切尼

从画苍蝇到画圣人

乔托

GIOTTO

1267—1337 年

你喜欢恶作剧吗？当然了，搞恶作剧肯定比被搞恶作剧有趣得多。意大利托斯卡纳的画家乔托也这么认为，他曾经在奇马布埃（意大利画家，约 1240—1302）快要完成的肖像画的鼻子上画了一只完美的苍蝇，大师在明白过来这是个恶搞之前，试图用手驱赶了好几次！

13 世纪末 14 世纪初，乔托改变了绘画方式，多亏了他精湛的绘画技艺，将我们所看到的现实呈现了出来。乔托的杰作之一是描述圣方济各生平传奇的 28 幅湿壁画，这些画现如今位于圣人的追随者建造的阿西西大教堂。

乔托在《放弃世俗的财富》中描绘了圣方济各生命中最重要的一个片段。圣方济各在一脸震惊的父亲面前，脱掉昂贵的衣服，还给父亲。乔托定格了父亲与儿子就像是决斗一般站在彼此对立面的一幕。你看看那个几乎赤身裸体的男孩，他一脸坚定，虔诚地在做着祈祷的动作，身后的主教用一件长袍替他遮蔽裸体。对立的另一边，父亲一手拿着圣方济各的衣服，另一只手紧握住愤怒的拳头。父亲想凑近圣方济各，但有一个人拦住了他。他们就像是在电影场景中那般在争吵，你不觉得仿佛听到了他们在说什么吗？为了让这幅画看起来更加真实，乔托还用了透视法描绘了他们身后的建筑物。

乔托让一只苍蝇栩栩如生，这完全是另一个小世界了！

插画：苏珊娜·莫拉里

婚礼正在进行

杨·凡·爱克

Jan van Eyck

约 1395—1441 年

你喜欢照镜子吗？还是说你喜欢偷偷看别人？《阿尔诺芬尼夫妇像》中最引人注意的是一对夫妇——乔瓦尼·阿尔诺芬尼和乔凡娜·切纳米，他们是生活在比利时的意大利商人，而画家杨·凡·爱克就偷偷地藏在镜子里。15 世纪初，杨·凡·爱克不断精进自己的绘画技艺，用油调制颜料，如此画笔便可以反复在同一处绘画，使得画作更精微细腻。多亏了这种新的油画法，当然也因为非凡的艺术才能，杨·凡·爱克完美地将更多的细节描绘加到了画作中。画作中夫妻俩服饰优雅高贵，吊灯华丽，家具奢华美观，所有这些细节无不在告诉我们，阿尔诺芬尼很富裕。在文艺复兴时期，除了贵族以外，商人也可以向著名的艺术家定制画作。肖像画是一种肯定自己重要性的方式，是用来向看到它的人传递一些信息的，比如，向大家展示自己穿着得体的一面，抑或呈现出摆好姿势准备拍照的瞬间。你再看看妻子放在肚子上的手，这个手势则表达了他们对于结婚生子的向往。

许多世纪以后，这些细节仍然在向我们诉说着他们的故事，仍然在向我们展示着他们想要别人看到的模样，同时也在告诉我们艺术家的点点滴滴。你还记得那面镜子吗？它位于油画中心，镜中还映射出了两个人物图像，其中一个就是画家自己。这是为了提醒我们，如果没有他的艺术才能，没有他的独到眼光，我们所看到的一切都不可能存在。

《阿尔诺芬尼夫妇像》中还有只小狗。小狗在婚姻中象征着忠诚。你听说过有谁像狗一样忠诚吗？

插画：保罗 · 莫斯切尼

金灿灿的天使

弗拉·安吉利科

Fra Angelico

约 1395—1455 年

你有没有绰号？绰号就是朋友称呼你的一种特殊方式，要取绰号很容易，只需稍微把你的名字改一改就好了。在数百年前的意大利，城镇和村庄里相熟的人们彼此称呼绰号是很常见的。通常，艺术家们也有一个绰号。

圭多·蒂·皮埃特罗是 15 世纪意大利托斯卡纳的一名画家，但每个人都叫他弗拉·安吉利科（即天使中的天使），在这个绰号中蕴含了他的故事以及他在艺术上创造的美。他是一名修士。在修道院里，他潜心绘画，并因这些画作赢得了“安吉利科”的美称。他是一位如此杰出的画家，他描绘出的人物圣洁而优美，即使他们不是真的天使，看起来也胜似天使，因此人们把他的绰号又改成了“受祝福的安吉利科”！他绘制了多个版本的《天使报喜》，均展现了天使向马利亚透露她即将成为耶稣的母亲的那一刻：马利亚穿着天空蓝的斗篷，非常温和恬静，看起来像一个圣洁的神，天使则屈膝在她的面前。除了这两个人物形象之外，艺术家还通过透视法完美地将美丽的门廊呈现了出来。

透视画法不仅能呈现出图像的高度和长度，还可以根据近大远小的绘画原则，展现出图像的深度，如此，这幅画就欺骗了大家的眼睛。这幅画看起来是三维空间，有点儿像 3D 电影，只不过在这里你不需要戴眼镜！

你看看《天使报喜》里这个天使多么谦逊从容，金色的头发看起来像是金子般，你再看看光环、五彩的翅膀！

插画：苏珊娜·莫拉里

特别的等待

皮耶罗·德拉·弗朗切斯卡

PIERO DELLA FRANCESCA

1416—1492 年

没有人会记得自己出生的那一天是怎样的，但也许你的父母会告诉你，你出生的那一刻以及在整个孕期他们的感受；会告诉你，当你在妈妈的肚子里的时候，他们也在期盼着见到你。而皮耶罗·德拉·弗朗切斯卡在《分娩时的圣母》中就呈现出了马利亚怀着耶稣的那些特别的日子。

这幅伟大的画作最初是放在意大利托斯卡纳大区纳蒙特其小镇的一个小教堂里。15 世纪中叶，皮耶罗已经是一位著名的艺术家了，为了纪念母亲，他回到了母亲逝世的小镇，为母亲献上这幅壁画。这幅画被遗忘了好几个世纪，直到 19 世纪末才被重新发现。

皮耶罗只用了 7 天时间就完成了《分娩时的圣母》这部作品，但前期准备工作却花了很长时间，因为皮耶罗同时也是一名科学家，还曾书写过关于数学、几何的书籍，他将这些原理也应用到了绘画当中。你看看他构建的画面多么流畅、多么和谐，左右两边的天使完全对称，看起来，她们就像是彼此的镜子，只是颜色不同而已。两个天使拉开绚丽的红色帷幕，展示出了位于中间的主人公圣母马利亚。她穿着一条精致的蓝色连衣裙，手放在明显已经突出的腹部上，也许她正在抚摸或感受着肚子里的孩子。她比天使高得多，是为了凸显她的重要，是为了衬托出她的优雅。事实上，圣母马利亚的衣服、她的面貌都具有皮耶罗所处时代的特征，因为他想表达的是，不只耶稣的母亲，任何一个平凡的女人在怀孕期间都可以过得平静、快乐。

小镇上的许多女人在分娩前都会去观赏这幅画，沾沾好运。

插画：马可 · 拉塔利亚塔

神秘的面孔

安东内洛·德·梅西纳

Antonello da Messina

1430—1479 年

你的脸能说话？你可以做鬼脸来取笑某人，可以用微笑来打招呼，也可以因为喜欢什么而扬起眉毛来表达喜欢。然而，有时候，即使你不愿意，你的脸也会透露出你内心的想法。小心一点儿，别人会从你的脸上看出你是愤怒还是喜悦！15 世纪中叶的画家安东内洛·德·梅西纳非常善于捕捉人物表情，在他的画作中，最有趣、最神秘的面孔当数《无名水手肖像画》。

安东内洛出生于意大利西西里岛，之后没多久，就离开了家乡去往那不勒斯，随后又去了威尼斯，他在那里向荷兰画家学习如何作画，也学到了新的绘画技术。这个荷兰画家是当时在意大利的画家中第一个创作出新油画的人，他就是杨·凡·爱克，你还记得他吗，还记得《阿尔诺芬尼夫妇像》吗？杨·凡·爱克将更多的细节融入了画作中。在此之前，大多数意大利画家画肖像时都是从侧面来描绘人物的姿态的。而安东内洛从荷兰人那里学到了3/4侧面的画法来画肖像，似乎只需稍微转动一下图像，你就可以看到整个完整的面部。

在《无名水手肖像画》中，你会发现，无名水手也在用他狡黠的眼睛凝视着你，似乎在冲你微笑。他看起来像一个狡猾的人，随时准备着要恶作剧。安东内洛将其画在一个黑色的背景中，如此就可以让我们专注于脸部和更多的细节，比如，长出的一点点小胡须，鼻尖向下，浅浅的微表情以及些许皱纹。即使我们从不曾窥探到画作的奥秘，不知他是谁，但因为他难以捉摸的表情，他看起来就像是我们的一个朋友或是认识的人，这就是“无名水手”以及他的微笑的魅力之处。

你可以试着稍微转换角度欣赏《无名水手肖像画》。
你难道不觉得这位先生的目光在一直追随着你吗？

插画：大卫·斯佩尔塔

房间里的天空

安德烈亚·曼泰尼亚

Andrea Mantegna

1431—1506 年

你有没有画过一扇门，画好之后就想打开它，看看门后有什么？有时候，让图画看起来和现实世界一样真实，是需要很高的绘画技巧才能达到的效果。而安德烈亚·曼泰尼亚恰好就拥有这样的天赋，他可以用自己的画骗过人们的眼睛，让人们信以为真。当他还只是个孩子的时候，就展现出了自己的才华，也正是他的才华拯救他于困境之中。

曼泰尼亚在 11 岁的时候被一位画家收养，这位画家拥有一个神话故事里的人物的名字——施夸奇奥内。在施夸奇奥内的整个艺术生涯中，他有整整 137 名学徒，为了避免付工钱，且能更好地使唤他们，他常常会收养一些学徒。施夸奇奥内就是如此把曼泰尼亚带到了他的工作室，并教他绘画的技艺的。曼泰尼亚在 17 岁的时候，就已经因过人的才华而出名了，于是他起诉了施夸奇奥内，法院判曼泰尼亚胜诉，因此曼泰尼亚又恢复了自由。随后，他就开始了自己伟大的画家生涯。他去了曼图亚城，去了意大利文艺复兴时期重要的宫廷之一，成为一名宫廷画师，在城堡中完成了杰作——壁画《婚礼堂》。他花了 9 年时间才画好了墙壁和天花板，不仅美化了房间，还彻底将它进行了改造。曼泰尼亚用透视法欺骗了我们的眼睛，他就像是把墙壁凿破，把这些墙变成了一个个窗户，透过窗户你能看到贡萨格家族的很多生活场景，窗户还配有窗帘、柱子以及大理石拱门。如果你从远处看，一切就跟真的似的，但这些都是画出来的！施夸奇奥内确实很吝啬，但对于曼泰尼亚来说，他也确实是一名好老师，他教会了曼泰尼亚如何画出这些让人怀念的古建筑。

曼泰尼亚受到古代建筑的启发，创作出了整个房间最令人震撼的地方。他在天花板的中央画了一个洞，这在罗马是用来收集雨水的。然而，在这里，在这个封闭的房间里，由于他非凡的才能，人们抬头仰视的时候，就能看到云彩以及湛蓝的天空，而不必打破任何一面墙壁。

在阳光明媚的日子里，你有没有想过天花板上也能有一片如此美丽的天空？

插画：弗吉尼亚 · 塔罗尼

众神的重生

桑德罗·波提切利

Sandro Botticelli

约 1445—1510 年

你知道时隔很久以后，再次看到大海是什么心情吗？大海一望无垠，在阳光下波光粼粼，海风微微拂过……这简直令人神往，以至于古希腊人认为美神阿芙洛狄忒（古罗马名为维纳斯）就诞生于大海。你看看桑德罗·波提切利的画作中，维纳斯站在一块贝壳上，从一片波浪中而来，你仿佛可以听到大海的声音。珍珠恰是从贝壳中孕育而出，这象征着女神的纯洁和美好。

文艺复兴时期，古希腊人、古罗马人的文化得到了复兴，他们的神话、他们的神获得了重生，科学家、作家、艺术家们都觉得那些古代的故事不是传说，而是隐含了一些伟大却遗失掉的真相。《维纳斯的诞生》就是这段历史时期中最重要的作品之一，而它的作者波提切利正好出生在佛罗伦萨，生在正值文艺复兴的 15 世纪下半叶。他所创作的维纳斯不仅是代表着爱与美的女神，还掌管着生与死，司管自然界的一切事务，他在这幅画中描绘出了她拥有的所有力量。

《维纳斯的诞生》描绘了孕育出女神的广阔的大海，风神带来和煦的风吹起她飘逸的秀发，地面上满是春天盛开的鲜花以及生长的绿树，这是个万物复苏的季节。维纳斯的面孔灵感来自一位真实的女人，一个绝美的女人——西蒙妮塔·韦斯普奇，不幸的是，她年仅 23 岁就去世了。但这幅画在时隔这么多个世纪之后，仍然在向我们展示着她迷人的脸庞。这就是维纳斯的力量，是爱的力量，她用像大海一样无边无际的力量使生命复苏！

维纳斯是圣洁而纯真的，这就是为什么她像古希腊雕像一样赤身裸体。

插画：保罗·莫斯切尼

噩梦

耶罗尼米斯·博斯

Hieronymus Bosch

约 1450—1516 年

你做过噩梦吗？如果是，我们应该努力忘记它。但有一个艺术家——耶罗尼米斯·博斯，他将自己的梦境以及恐惧的感觉融入了绘画中，使他的作品更加新颖独特。

博斯于 15 世纪中叶出生在荷兰，虽然他在故乡生活了一辈子，但他用他的作品创造出了一个个奇妙的世界，在他的绘画中向我们展示了梦幻中的无边遨游。他很擅长创作和塑造一些不可思议但又使人心醉的地方，他可以把令人恐惧的场景变得鲜活起来。自中世纪以来，一直就有一个传统，人们会将怪物、满是恶魔的地狱以及如果人犯罪的话将会遭受的刑罚画出来，以此来使信徒们心生畏惧。是的，有时候也会用恐怖的艺术来鞭策、教育人们！虽然这些作品的创作灵感来自《圣经》特别是其对魔鬼的描述，但当博斯绘画地狱时，还是创造出了一些新东西和从未有过的人物。

《人间乐园》是一幅由三部分组成的三联画，中央的画作展示出了一个由数百个人及巨型动物构成的美丽而神奇的世界。右边则描绘出了一个可怕的地狱场景，那里正在焚烧着被打入地狱的人，有变成刑具的巨大的乐器，还有类似动物的巨型怪物。许多人试图理解这些创作的含义，但都没有成功。事实上，恐惧常常都没有什么意义，重要的是能把恐惧变成另外一种形式。

下次有东西惊吓到你的时候，你就把它画出来，试着把它变成另一种东西。

插画：马可·拉塔利亚塔

天才的半途而废

达·芬奇

Leonardo da Vinci

1452—1519 年

达·芬奇小时候有一次出门，边走路边观察着大自然的千姿百态，他从植物观察到了动物再到岩石，然后他发现了一个黑漆漆的洞穴。他在洞穴口停下了脚步，试图让自己的眼睛适应黑暗，如此就能看清洞穴内部了。这时，他立刻被两种完全相反的感觉所吸引，一种是对黑洞的恐惧，另一种是想知道洞里是否有什么神奇的东西的渴望。也正是他对世间万物的好奇以及勇于探索的精神，让他成为一名兼收并蓄的天才，他是艺术家、科学家，同时也是发明家。

15 世纪中叶，达·芬奇出生在意大利佛罗伦萨附近的芬奇小镇，是贵族皮耶罗和出身卑微的卡泰丽娜的儿子。多亏了祖父，他第一次接受了学校之外的非正式的教育，他学习了许多东西，但都是以他自己的方式学习的，以至于他书写的字母都是从右到左的反着的镜像字，使得别人不得不通过镜子才能阅读他写的东西。达·芬奇从小就尝试着在大自然和生活中学习，他经常去附近的山谷探险，经常去工匠的作坊、磨坊，因此他对齿轮和机械装置也有一定的研究。虽然很多事情他起了个头就放弃了，但他的初衷是想尽可能地探索新的东西，即使当他已经成为一个非常重要的艺术家，他的探索也从未停止过。

你可能知道达·芬奇的画作《蒙娜丽莎的微笑》，这是艺术历史长河中最出名的肖像画。这幅画的背景是风景，那山、那岩石让人不禁想起了达·芬奇童年去过的洞穴。这幅画有很多奥秘，比如，为什么画中的女人这样微笑，女人背后的山谷是在哪里，我们都无从得知，但可以确定的是，达·芬奇画了一年又一年，都没能将它完成。这是因为他经常都会为了别的事情暂停掉自己的绘画，比如设计教堂、桥梁或是研究人类和动物的身体结构，比如发明新的乐器或直升机、坦克、潜水艇、计算器甚至机器人……而他所有的这些设想，都是人们花了好几个世纪才得以实现的。

有时候达·芬奇会半途而废，因为他想法颇多，或许也正因为如此，他才是一个天才！

插画：保罗·莫斯切尼

画谜

阿尔布雷特·丢勒

ALBRECHT DÜRER

1471—1528 年

你喜欢猜字画谜吗？人们会将一些图案和字母构成一幅画，然后你来猜这幅画中隐藏的文字，这就是猜字画谜。在整个艺术史上，有一幅 500 多年来从未被解读出的作品，其中蕴含着一个我们至今仍找不到答案的谜。阿尔布雷特·丢勒的作品《梅伦科利亚一世》是一幅神奇的画作，其中充满了很多未知的谜。这是一幅木刻版画，首先需要在木板上进行雕刻，然后将颜料涂抹在雕刻好的木板上，最后将木板放置在纸上，如此就能印出图案了。

从这幅画作的名字我们知道这部作品是关于“伤感”这一主题的，你有没有体会过和画中一样的悲伤、一样的迷惘？这幅作品中有一个长着翅膀的女人坐在那里，她的头倚靠在手上，这表现出来的情绪不正是忧郁吗？也有人认为，具有敏锐直觉的人通常都具有忧郁的特征。这个长着翅膀的女人手边是一个圆规和一本书，在她的周围有一个沙漏、一个墨水瓶和一杆秤……以及所有需要使用、拿来计算、用来发明东西的工具。也许此刻女人并不是在感到沮丧，只是在思考、在推理而已。但在她周围还有其他的一些图案，一只沉睡的狗，一个小天使，还有一个我们不知道它通往哪里的梯子……画上的这些东西都有什么关联呢？

几个世纪以来，许多人一直试图搞明白这些东西具有什么含义，但都没有成功。丢勒是想通过这幅画来抒发他自己忧伤的情感，是想表现出他工作的情景，还是想描绘出艺术家的世界？也许我们永远也找不到答案。难道说丢勒在这幅画中加入了许多神秘的魔药配料？这样就能舒缓忧伤的情绪？

你看看《梅伦科利亚一世》，女人面带愁容，一切都陷入昏暗之中，从这一角度你也能直观地感受到她此刻的心情。

插画：盖亚 · 科波拉

手指间的火花

米开朗琪罗

Michelangelo

1475—1564 年

米开朗琪罗 30 岁、正在修建教皇尤利乌斯二世的陵墓时，就已经被认定为当时最伟大的雕塑家。后来教皇向他提议，请他为梵蒂冈西斯廷教堂绘制天顶画，米开朗琪罗本想拒绝的，因为直到那个时候他都很少画壁画，但最终他同意了，因为作为交换，他获得了在西斯廷教堂那 500 平方米大的地方创作的自由，这是一个比篮球场还大的宽阔的空间，他可以自由发挥，并且最后他把这里变成了一个举世杰作。

米开朗琪罗性格很糟糕，他总是不断尝试创造出新的东西，以此来挑战并超越其他的艺术家，这是缺点却也是优点。也因为他脾气急躁，他总是独自一人工作，正如他一个人花了整整 4 年的时间，才完成教堂天顶画的创作。每一天，他都会爬上距离地面 20 米高的脚手架，接连绘画好几个小时，以至于他的背部和视力都相继出现了问题，但最终他遵循自己内心的想法完成了这件作品。

米开朗琪罗绘画的场景取自《创世记》，这是《圣经》的第一卷。他用他雕塑家独到的眼光将《创造亚当》这幅壁画放置在了整个天顶画的中心，成为最动人心弦的一幕。他描绘的这些人物都是赤身裸体的，他们有着希腊雕塑中所呈现出来的强壮的肌肉，有着年轻运动员的体格，以此展现出了人类强健的体魄。对于米开朗琪罗而言，身体美是灵魂美的体现。而上帝留着长长的胡须，正在创造着生命体，并将手指伸向他所创造的第一个人——亚当，上帝的手指和亚当的手指之间在传递一种生命的火花，这也是米开朗琪罗设法赋予他的作品的火花。

1564 年，人们给西斯廷教堂的裸体“穿上”了布条和树叶。

插画：弗吉尼亚·塔罗尼

一道闪电和未知的谜

乔尔乔涅

Giorgione

1477—1510 年

16 世纪初，画家乔尔乔涅在威尼斯工作了十年，但他的每一幅画作都没有署名，之后就英年早逝了。他的生活和他的作品都是谜。

你知道 X 光是用来干吗的？当你生病时就可能会拍 X 光照片来检查身体。人们将乔尔乔涅的画作放在 X 射线下进行观察，发现他在绘画过程中曾多次更改要描绘的图案，所以，他是早期第一批不使用草稿的艺术家之一，他没有提前画草图就直接完成了图画。由此可见，他是一边捕捉灵感，一边将它画出来的。

《暴风雨》就是如此创作出来的，这是一幅人们好奇了很长时间的画作，人们一直想要搞明白其中的含义是什么。这幅画以城市作为背景，静谧的乡村风景之上，天空乌云密布，一道闪电划空而过。乔尔乔涅选择了暴风雨即将来临的这一瞬间的情景！难道你没有嗅到即将来临的大雨的气息吗？画的前方有两个人物，一个是赤裸着给小孩喂奶的女人，而另一个是穿着优雅服装的男人，他在注视着女人和小孩。这两个成年人的身份是未知的，甚至有人试图在《圣经》或希腊神话中找到他们的原型，但找寻无果，许多人认为这个男人是一名士兵，因为他靠在一根看起来像长矛的棍子上。

乔尔乔涅将这两个人物形象插入这个场景中，成为这幅画真正的点睛之笔。这里的风景确实优美，乔尔乔涅也确实十分热爱大自然，但他知道，这幅画需要有人物，有了人物才能衬托出画作的神秘以及它的美，正如暴风雨是需要雨水的！

在《暴风雨》中，你有没有注意到女人在看着你？她似乎知道自己正在被观赏。

插画：弗吉尼亚·塔罗尼

神圣的画家

拉斐尔

RAFFAELLO·SANZIO

1483—1520 年

古罗马人有一句谚语："一个人的名字已经预示了他的整个命运走向。"而画家拉斐尔的命运则隐含在他的姓"Sanzio"中，"Sanzio"这个词来源于单词"Santo"，即"圣人"的意思。早在 16 世纪，他作品的超自然之美以及他人生中发生的一些事情就向所有人证明了，他确实是一位"神圣的画家"。

拉斐尔受到了一些伟大艺术家如达·芬奇、杨·凡·爱克的教导及启发，把文艺复兴时期艺术的精华以及他自己的创新组合在了一起，形成了一种属于自己的独特的绘画风格。尽管这位艺术家的一生很短暂，但是多亏了他画室中众多画师的帮助，他为教皇、贵族以及私人收藏家们创作了大量的作品，作品数量超过了 400 件。他的作品色彩明亮温和，画面恬静安宁，营造出了一种和谐之感，对于每个人来说都堪称完美，他的画作的美似乎能使天地相连。

尽管拉斐尔的人生总是陷入多情的爱恋之中，但他的艺术才华，他高贵的灵魂，神圣的姓氏，使得同时代人将他与耶稣进行类比。一些自画像中的拉斐尔和真实的他真的很相似，他留着浓密的胡须，头发有一点儿长，眼神严肃且认真。他年仅 37 岁就去世了。据说，在画家拉斐尔去世的那天，发生了一件罕见的事情：一场地震袭击了梵蒂冈的宫殿，就像是耶稣被钉在十字架上时戈尔戈塔山的颤抖一样。几千年来，艺术家们一直在描绘众神，现在他们中就有一位创作了神奇画作的艺术家将他自己也变成了神！

拉斐尔是在 500 年前去世，比达 · 芬奇晚一年。

插画：大卫 · 斯佩尔塔

三张脸和三只动物

提香

TIZIANO

约 1489—1576 年

你有没有想过你长大后会是什么样子？长大以后，你会有所改变，但你还是你。因为是未来的你、仍在继续的现在的你，以及过去的你造就了此时此刻的你。而威尼斯画派的提香，正是为了展现出它们之间的关系，于是在他的画作《谨慎的寓言》中尝试赋予过去、现在和未来不同的面孔。

《谨慎的寓言》是将一个想法，一个就像“谨慎”一样抽象的、触摸不到的东西，转化为一个图像的作品。在这件作品中，“谨慎”变成了三个非常严肃的男人——一个少年，一个中年，一个老年——的头，在他们下面还有三只动物：狗、狮子和狼。提香就是如此绘画出了随着时间的流逝人类面容的变化，甚至这些动物也在向你展示生命中三个年龄段的变化：它们分别是无忧无虑的狗，骄傲而强壮的狮子，以及吃之前剩下的食物的狼。那么，你觉得这和谨慎有什么关系呢？这幅画上留有拉丁语箴言：“以过去和现在的审慎，预防未来的损失。”是的，你看，即使是一幅画，它也可以责骂我们，可以告诫我们！

提香创作这幅作品的时候已经很老了，画中留有白胡子的男人就是他自己，而另外两个人的原型分别是他的儿子和外甥，也许这个箴言也是特意送给他们的忠告。16世纪初，威尼斯是世界上最强大和最重要的城市之一，因此提香为了成为一名艺术家，去了威尼斯，在那里，他盛誉满载，同时也变得十分富有。这位画家在威尼托山上度过了他的晚年，享年近 90 岁，幸运的是，在他的人生快走到尽头的时候，能用这些面孔将他的人生描绘出来！

《谨慎的寓言》也在给观看它的人以警示！

插画：马可·拉塔利亚塔

值得一说的人生

本韦努托·切利尼

BENVENUTO CELLINI

1500—1571 年

有一天晚上，一个年轻人、一名牧师以及年轻人的一些朋友悄悄进入了罗马大角斗场，罗马大角斗场在 16 世纪时被遗弃掉，变成了废墟。在这个古老而神秘的地方，这个年轻人在地上画了一个圈，然后就开始召唤恶魔和鬼魂。他想知道他和美丽的安杰莉卡之间的爱情未来会是怎样的，但他没有得到任何回应，只得到了无边的恐惧。他说，他发现自己站在了成千上万的怪物中，它们面目狰狞，就像是地狱里的怪兽一样，当时多亏他身上有发臭难闻的东西，才能够将它们赶走。

这个年轻人就是本韦努托·切利尼。他出生在意大利佛罗伦萨，他的父亲是一名音乐家，所以希望他能投身于音乐。尽管他在长笛吹奏方面很有天赋，但本韦努托还有其他的梦想。他 16 岁时，因为梦想成为世界上最好的金匠，于是离家出走了。金匠是将贵重的金属打造成艺术品的一种职业。他经常因为打架或是参加斗殴而被新的仇人缠上，最后不得不离开所在的城市，他走遍了整个意大利，直到到了法国才停下来。那是一段暴力的岁月，王公贵族之间同普通人一样，有争吵，有嫉妒，并且会以各种陷害、下毒、谋杀等手段来解决，本韦努托多次被刺杀，也曾多次被判处死刑。他是一个男人，也是一个充满好奇心的艺术家，他是叛逆的，还有点儿玩世不恭，却总能够死里逃生，他总是在不断寻找有新意的东西，包括魔法和恶魔！

本韦努托不只是一名金匠，还是一位杰出的雕塑家，他的杰作《珀尔修斯与美杜莎头颅》是一座巨大的青铜雕像，描绘了希腊英雄斩杀蛇发女妖的场景。当他快 60 岁时，因再次被判刑，被迫待在家中 4 年，他决定把自己的人生讲述出来，决定用简单但强有力的语言写一本自传。他的自传中满是冒险、越狱、斗殴，以及像在罗马大角斗场召唤鬼怪那般的夜晚。在文艺复兴时期，艺术家们第一次成为令人崇拜的明星，而本韦努托认为，除了他的雕塑以外，他的人生也是一件独一无二且吸引人的作品！

珀尔修斯的雕像是在一夜之间铸造而成的，雕塑中青铜的含量多得似乎能引发一场大火了！

插画：马可·拉塔利亚塔

从染布到画布

丁托列托

TINTORETTO

1518—1594 年

有没有人告诉过你，欲速则不达？别担心，因为也有人曾对威尼斯画派的丁托列托说过这样的话。16 世纪下半叶，丁托列托把他的艺术才能都发挥到了似乎从未完成的画作上，且每一次所表达的情感都大有不同。

丁托列托的父亲是一名染匠，就是给布料染色的工匠。由于父母的工作，他获得了他的绰号——丁托列托（意思是“小染匠”），也正因此，才让他对色彩有了不一样的偏爱。丁托列托从小就喜欢用这些颜料在自家染坊的墙壁上涂涂画画，他的父亲非但没有责骂他，反而发现了他的绘画天赋，于是带他向提香学习绘画手艺。然而不久之后，这位伟大的艺术家意识到这个学生的前途无量，因为害怕被超越，所以提香把他从画室赶走了，也正因此，丁托列托才能创造出自己与众不同的绘画方式。在文艺复兴时期，艺术家们的绘画技艺愈发精进，能使画出来的东西更加惟妙惟肖，但丁托列托对复制现实中已经存在的东西并不感兴趣，而是想以一个全新的面貌来讲述过去的故事和神话。

例如，丁托列托在作品《圣乔治屠龙》中就做到了这一点。很多这一主题的画作中都呈现出了白马骑士杀死怪物这一场景，但丁托列托进行了创新，他将白马骑士攻击龙的主要情景变成了整幅画的背景，而把从怪物那里解脱出来、正在惊慌逃跑的女人放在了最前面。这幅画没有文艺复兴时期其他艺术家所追求的平衡与和谐，而是像戏剧或是电影场景一样，给人以动态和慌乱之感。虽然他的画法不够精细也不够完美，并且作为背景的画面看起来就像是草图一样，但这就是他想呈现出来的效果。

丁托列托的作品残留下粗犷的笔触，使人看不出他的画作已经完成，因此与他同时代的一些人称他是一个“未完成”画家。然而并非如此，他深知，一幅画所蕴含的情感就在他敏捷的运笔之中体现出来了。

为了绘画，丁托列托还用小石膏像和小蜡像来研究光对图像的影响。

插画：苏珊娜 · 莫拉里

儿童游戏

老彼得·勃鲁盖尔

PIETER BRUEGEL

1525—1569 年

你会玩多少种游戏？我们游戏的方式多种多样，可以走动，可以坐着，可以说话，也可以靠想象，可以独自一人，可以和其他小孩一起，也可以像尼德兰画家老彼得·勃鲁盖尔在他的《儿童游戏》中一样，把我们知道的游戏都画出来。

勃鲁盖尔在他的许多作品中都描绘了他出生长大的地方，呈现出了 16 世纪的世界，呈现出当时尼德兰民间的风俗习惯。他是农民的儿子，因此非常了解农民的生活：节日的载歌载舞，简单而欢快的婚宴，在结冰的运河上滑冰……他将所有这些场景都融入了画作中。后来，他虽然离开了他的村庄，去到富饶的安特卫普港追逐名利，但他从未忘记过他的来处。

你看看，《儿童游戏》中小镇的大广场上，满是缩小的人物图像，几百个小孩儿分散在各处，他们有的甚至还爬上了类似市政府大楼的天台，玩得十分开心，仿佛没有大人一般，整个世界，至少这个小镇，是完全属于他们的。这里可能真的什么游戏都有。想象是最好的玩具，所以有假装商店老板的人，有过家家举办婚礼的；有时不需要玩具就可以玩游戏，所以有在爬树的，甚至还有在撒尿的，还有用小树枝拨动动物粪便的，当然也少不了拽别人头发的坏小孩。

你也试着列出你知道的游戏吧，你会发现你写出来的很多游戏都出现在这幅画里了！

插画：大卫 · 斯佩尔塔

水果味的艺术

阿尔钦博托

Arcimboldo

1527—1593 年

我们常常会把墙上的污渍或者天空中的云彩看成是一张脸，对吗？然而，画家朱塞佩·阿尔钦博托就恰恰做了相反的事情，他用各种各样的东西拼凑出了一张张脸，就像在他的画作《鲁道夫二世扮作四季之神威耳廷努斯像》中一样。

1576 年至 1612 年间，神圣罗马帝国幅员辽阔，囊括了中欧的许多国家，因此，帝国的皇帝鲁道夫二世称得上是世界上极其重要的人物之一。然而，阿尔钦博托决定只用水果、蔬菜和鲜花来为鲁道夫二世绘画肖像。你认得出画中的所有东西吗？这是一个有趣但也烧脑的拼图游戏，是对一个艺术家画技的考验，而阿尔钦博托就如此完美地向我们展示出了他的智慧和才能。他在仔细观察了皇帝面部之后，将脸分解成了许多部分，然后用各式各样的果蔬构建出了这张脸。

你甚至可能会认为这幅画不仅仅是一个游戏，也是对皇帝的一种嘲讽，因为他的肖像是由栗子、洋蓟、洋葱和樱桃等构成的，但事实恰恰相反，这幅作品虽然自成一格，但这确是对皇帝的一种致敬。阿尔钦博托是皇帝鲁道夫二世的宫廷画师，为了赞誉鲁道夫二世，歌颂他的强权，阿尔钦博托选择用大自然来描绘皇帝的肖像，意在表达在皇帝鲁道夫二世的统治下，国家繁荣昌盛，就像秋收富足一样，应有尽有。因此，在这幅画中，阿尔钦博托将皇帝描绘成了威耳廷努斯，将皇帝变成了神，变成了一个可以随时变身的古罗马神，一个掌管四季变化、植物生长的四季之神，就像鲁道夫二世掌管着许多子民的生命一样。谁能想得到，一个神可以长得这么像一道蔬菜汤！

选一个你想要为他画肖像的人，想一想，你会用什么东西将他拼凑出来呢？

插画：保罗 · 莫斯切尼

一脸匪气的圣人

卡拉瓦乔

Caravaggio

1571—1610 年

我们现在所认为的杰作并不总是立刻就能够得到人们赏识的。17 世纪初，卡拉瓦乔试图改变绘画的方式，于是就有人控诉他想要用他的东西“摧毁掉绘画界”，几个世纪以来，反对他的人都大获全胜，以至于他的名字几乎被遗忘，直到几十年前，才被人们重新记起。

卡拉瓦乔的童年是在意大利伦巴第的一个小镇卡拉瓦乔度过的，因此，他的绰号“卡拉瓦乔”就取自小镇的名字。他是一个有暴力倾向的人，经常卷入打架斗殴当中，他在罗马的一场绳球（类似于网球）比赛中，由于和一名男子发生了争吵，于是就将这名男子杀害了，因此卡拉瓦乔被判处了死刑，之后，他短暂的余生都是在逃亡中度过的。

《马太的神召》是为罗马教堂绘制的巨作，描绘的是马太正和一群人坐在一家小酒馆的餐桌边，突然耶稣降临，呼召马太让他成为自己门徒的场景。作品中所有人物的面孔都是源于卡拉瓦乔居住地的罗马人民常见的面孔，人们从未见过圣人的外貌是如此粗糙又可怜，因此，他的作品一直让人难以接受。但卡拉瓦乔喜欢将现实生活写照放入艺术中，喜欢这样的艺术冲突，因此他放弃了传统画法，放弃了对美感的追求，纵然现实是艰苦悲惨的，他还是将现实描绘了出来。他的基督实际上是为出生贫贱的人而画的，这幅画中，基督几乎淹没在了深深的阴影之中，他伸出手指做出的手势让人想起米开朗琪罗在《创造亚当》中的手势，你还记得吗？

你知道吗，在《马太的神召》中卡拉瓦乔使用了铜镜才再现了这个场景，再现了这束绝妙的光。

插画：保罗·莫斯切尼

间谍画家

彼得·保罗·鲁本斯

Peter Paul Rubens

1577—1640 年

当整个欧洲都充斥着战争，满是血雨腥风时，佛兰德斯画家彼得·保罗·鲁本斯因为会 5 门语言，并且是一个诡计多端、善于交际的人，也非常了解各个王公贵族们和政治家们，因此他依旧可以自由地辗转于欧洲的各个宫廷之间。事实上，他也是一个完美的间谍。

故事发生在安特卫普，从前这里是一个经济贸易发达、涌现出了许许多多艺术家的城市，但是在鲁本斯所处的时代，因为要对抗西班牙人的入侵，这里硝烟四起，陷入了残酷的战争之中，摇摇欲坠，处境十分艰难。此时多亏了鲁本斯的艺术作品以及他多年来声名在外，当时各政府的首脑是购买他画作的顾客，他穿梭于各个城市之间和他们进行谈判。鲁本斯冒着生命危险、冒着丢掉工作的风险结束了这场战争。他的秘密行动对实现和平与自由起着决定性的作用，他非常善于应对各方势力，以至于西班牙人、英国人及佛兰德斯的盟友都授予他“骑士”的称号。

多亏了鲁本斯在安特卫普的工作室中有许多助手，他才创作了数千件不同类型的作品。他可以给私人画肖像，也可以给国王画；他可以描绘出《圣经》中的故事情节，也可以用图画讲述古代神话，还可以用故事来描绘出现在是什么样的。他的作品《战争的后果》展示出了维纳斯身披血红色的斗篷，拿着盾牌和剑，不顾一切地想要阻止她心爱的战神马尔斯，爱神抱着战神，以防他投身到战争之中，给世界带来灾难，带来毁灭。这就像鲁本斯本人一样，他是画家，是外交官，同时也是一个间谍，但最重要的是他和维纳斯一样，都是一个和平爱好者。

彼得 · 保罗 · 鲁本斯在意大利学习了很久，难道你不觉得看着他画笔下的人物就会想起文艺复兴时期的艺术吗？

插画：苏珊娜·莫拉里

无所畏惧的女人

阿特米谢·简特内斯基

ARTEMISIA GENTILESCHI

1597—1651 年

阿特米谢·简特内斯基被关在家里度过了她的童年和青年时期。她是 6 个孩子中的长女，也是唯一的女孩，然而，当时的女性几乎没有自由可言。她的父亲奥拉齐奥是一名画家，她从小就被父亲的绘画深深吸引，在 3 岁的时候，就已经用绘画展现出自己拥有过人的天赋。她不能上学也不能去画室，幸而她可以跟着自己的父亲学习，最终成了一名艺术家。

阿特米谢生活在 17 世纪上半叶的罗马，那是一个残酷又充满暴力的年代，她被父亲的一个朋友残忍地强奸了。但阿特米谢坚强地做出了反抗，并将这个男人送上了法庭。在她的作品中，大多讲述的是坚强勇敢的女性反抗男性虐待的故事。

她描绘了《圣经》中朱迪思和霍洛弗涅斯的一个片段：一个年轻的犹太女孩到了敌方阵营，向将军霍洛弗涅斯承诺她会背叛她的人民，如此在取得了将军的信任后，在一天夜晚将他杀掉。

阿特米谢在作品中把残忍、血腥的细节不遗余力地展现了出来：女孩用尽全力挥舞着沉重的剑，另一个年轻女仆帮助她擒住男人使他不能动弹。当时的艺术风格巴洛克，喜欢描绘充满戏剧性、充满张力的场景，因此许多艺术家在描绘这一场景时，都喜欢将朱迪思刻画成一个内心满是恐惧、犹豫不决的人物。但是阿特米谢笔下的朱迪思，眼神坚定，无所畏惧，就像是战无不胜一般！阿特米谢的父亲是一位好老师，他的学生青出于蓝而胜于蓝，即使在今天，我们仍然记得她的才华、她的勇敢。

阿特米谢·简特内斯基不仅是当时为数不多成为画家的女性之一，更是一名伟大的女画家！

插画：马可·拉塔利亚塔

正确的时刻

贝尼尼

Gian Lorenzo Bernini

1598—1680 年

当有人惹怒你时，你是否也会握紧拳头，咬紧牙关，感觉肌肉紧绷？对于我们的每一种情绪、每一个行为，我们的身体会做出许多微小的动作给予回应，而这些小动作很难被捕捉到，除非你是像贝尼尼这样的雕塑家，他就用他的雕塑《大卫像》做到了。

文艺复兴时期伟大的艺术家们都喜欢描绘《圣经》上的英雄故事，喜欢用年轻的大卫的雕像来讲述这位出身低微但勇猛的牧羊人只用弹弓就击败了巨人哥利亚的故事。之前已经有了多纳泰罗雕刻的大卫，然后是米开朗琪罗的，艺术家们都描绘出了冷静自信且纹丝不动的英雄。然而，随着 17 世纪的到来，文艺复兴已然结束，巴洛克风盛行，人们更喜欢富有动感、夸张和具有张力的艺术风格。贝尼尼就将大卫正在全力以赴顽强对抗这一决定性的时刻描绘了出来。英雄大卫为了更好地发力，他的身子弯向一边，完美地呈现出了从肩膀到双脚全身绷紧的肌肉。他手中拿着装上了石头的投石带，正要射出决定他和犹太人性命的那一颗石子。

贝尼尼将自己的肖像刻画在了大卫的脸部，当时的他只有 25 岁。大卫双唇紧闭，眉头紧锁，与米隆的《掷铁饼者》截然不同，你还记得这个作品吗？掷铁饼的运动员一脸平静，完全看不出正在发力！而大卫用尽全力射出这颗石子，他所表现出来的一脸费劲与吃力，与艺术家想要用坚硬的大理石雕刻出一个生动又充满活力的雕像是一样的。

贝尼尼也是一位建筑师、画家和作家，因为他和大卫一样，都喜欢挑战！

插画：弗吉尼亚 · 塔罗尼

艺术家在画里

委拉斯开兹

Diego Velázquez

1599—1660年

你喜欢自拍吗？或者当你画画的时候，有没有想过把你自己，把作画的人插入画中呢？《宫娥图》是一幅描绘公主的宫廷画作，委拉斯开兹在创作这个作品的时候，就把他自己画了进去。

委拉斯开兹在24岁时就被任命为国王的御用画师，他是唯一一位能为西班牙国王腓力四世及其家人画肖像的画家。1656年，他为国王年仅5岁的女儿小玛格丽特画了一幅名为《宫娥图》的画作。画中的一群人中，最亮眼的那个就是小公主，她穿着淡色的衣裙，披着一头金黄色的头发，位于画作的中心位置，旁边有两个宫娥围绕着她，随时准备着听从她的吩咐。在她们的右边，还有一男一女，他们看起来就像是小孩子一样，但事实上他们是侏儒。几千年来，宫廷里一直都有养小矮人的冷血习俗，这是为了体现出君主至上的权威以及不可或缺的重要性，也为了衬托出君主的高大。在他们身后，有一个修女和一名神父正在看着这个场景，而在房间的后面，在小玛格丽特的身后，你会发现有一面镜子，镜子里映出了腓力国王和玛丽安娜王后。画面的最左边是委拉斯开兹本人，他手持着画笔和调色板隐藏在阴影里和巨大的画板后面。但是画布上画的是什么根本看不到，难道他正在画公主吗？还是在画国王和王后？他所画的人或东西可能处于你现在所站的位置，可能是位于画布之外的国王夫妇，也或许委拉斯开兹正在画你现在所看到的这幅《宫娥图》！这应该是你第一次在看到完整的画作的同时，也看到了它被创作出来的过程吧。

委拉斯开兹不是为了虚荣才把自己画到了作品中，
而是为了向大家展示一个视觉的游戏，一个镜面反照的游戏！

插画：保罗·莫斯切尼

画中人生

伦勃朗

Rembrandt van Rijn

1606—1669 年

你写日记吗？不是交给学校的那种作业，而是悄悄记录了你的感受和最近发生在你身上的事情的那种日记。荷兰画家伦勃朗一生中为自己画了许多肖像，大概有 90 幅，他不是用写作的方式，而是用绘画的方式，将他生活中不同时刻的心情画了出来，如此他就拥有了一本别致的日记。

伦勃朗出生于 17 世纪初，当时的荷兰有千千万万数不清的艺术家们，而他在短短几年内，就成了整个荷兰尤为重要的画家。多亏了他曾研究过卡拉瓦乔的技艺，伦勃朗比任何人都能更好地将光呈现出来。他知道光与影是不能干净利落地划分开来的，光和影通常是交杂融合在一起的，因此他使用了一种称为“明暗对比”的绘画方式，使他画作中呈现的《圣经》和古代神话故事的场景看起来更为真实，他也由此而闻名。有人说他曾经特别喜欢一只一直陪伴着他的猴子，当这只猴子死后，他就将它画进了一幅家庭肖像画中。当肖像画的主角们看到自己和猴子被画在一起，于是强烈要求伦勃朗抹去这只猴子，但伦勃朗固执己见，拒绝了雇主的要求，最后也因此丢掉了这份订单。

伦勃朗很擅长在绘画肖像时捕捉人物的面部表情，从而揭示人物内心的活动，正如他的许多自画像一样，表达了各种各样的情感，因此很多人都委托他画肖像。伦勃朗在 23 岁时就开始画自画像了，也这么画了一辈子，所以在这些作品中，你可以从中看到岁月的流逝，可以看到画中人物心情的起伏变化。在他前期的作品中，他将自己塑造成了一个乞丐或者是一个头发凌乱、叛逆的年轻人，后来，他的绘画技艺愈发精湛，越来越多的人赏识他的作品，因此，画中的他戴着珠宝，戴着羽毛礼帽，穿着其他时代的服装，变得自信且高贵。他用他的画笔和调色板把自己的情绪都展现在了画作中。年轻时，他所描绘的自己是骄傲自豪的；年迈时，他的眼神则变得越发深邃、越发忧郁。

下次你想在日记中记录一件事情的时候，可以尝试把它画出来，或者画一幅自画像。

插画：国漫拾光 王言

又哭又笑与翻白眼

八大山人

BADA SHANREN

1626—1705 年

你听说过这么一位中国艺术家吗？他喜欢画鱼儿、鸟儿，可它们总是对着人翻白眼。他还喜欢简洁，只用一点儿水和墨，寥寥数笔就完成一幅画作。他就是常常被人误以为是“八个画家”，其实只是“一个人”的“八大山人”。

1644 年，当清兵南下，明朝覆亡的时候，明皇室的一个后裔朱耷，当时不到 20 岁。战乱之中，他从皇亲国戚变成了颠沛流离的难民，想必经历了很多痛苦。后来他出家当了和尚，靠卖画谋生。他在画作上的签名“八大山人”，“八大”两个字的草书连起来看很像“哭”字，又有点儿像“笑”字；“山人”两个字草书连写，则很像“之”字。因而就有了“哭之笑之”的寓意，寄托了他对命运哭笑皆非的无奈与感叹。

艺术境界的高低，不仅在于技法，更在于艺术家特立独行的风格与创意，八大山人的绘画，被公认是中国文人画“极简美学”的典范。他画鹌鹑，一个鼓着腹部，一个窿着脊背，犹如一个孕妇和一个驼背老翁，用拟人的手法“翻白眼”，寓意他对清朝的逃避与不合作；他画的鸜鹆（qúyù），俗称八哥，一高一低，一曲一直，一只闭眼打瞌睡，另一只瞪眼找小虫，都是冷淡的神情；他画的荷花，用淡墨晕染大片的荷叶，用浓墨描绘荷枝和花朵，形成强烈的视觉反差；他画菊花，下笔忽粗忽细，忽快忽慢，忽干忽湿，忽浓忽淡，变化无常，而又驾驭自如。这正是中国花鸟画“写意”的精髓所在。

八大山人还写过几句题画诗。一句是“墨点无多泪点多，山河仍是旧山河”。另一句说“想见时人解图画，一峰还写宋山河”。原来八大山人是用极简的墨点来暗喻自己的“泪点”，说是纪念宋朝，其实是对明朝表达最后的眷恋。

你今天观看八大山人的画作，是不是仍然可以感受到他 300 多年前挥洒的点、线、面，蕴含着一种节奏与旋律？是不是就像他的命运，又哭又笑，如泣如诉？

插画：弗吉尼亚 · 塔罗尼

光影大师

维米尔

Jan VerMeer

1632—1675 年

你长大以后想做什么？想不想成为一名艺术家呢？你可以跳舞、表演、写作、唱歌或是绘画，这些既是消遣的游戏也是一份真正的工作，但并不是轻而易举就能成为艺术家的。荷兰画家维米尔曾经就不得不用各式各样的手艺来维持生计，只有这样他才能够继续他的艺术创作。

维米尔的父亲是一位贩卖艺术品的生意人，在 17 世纪的荷兰，许许多多的人都会购买艺术品。他们家还有一家小旅馆，在那里他们将要售卖的画作陈列出来。因此，维米尔是在艺术的熏陶中成长的，他子承父业，将旅店老板和商人这两份职业都继续了下去，更重要的是，他还从父亲那里传承了对艺术的热爱。可惜的是，他作为一名画家，在 20 多年里，仅仅给我们留下了不到 40 件作品。他的速度如此缓慢是因为其他的工作占据了他很多时间，更因为，他是一个一丝不苟的人。

维米尔最著名的作品《戴珍珠耳环的少女》，这是一幅少女的肖像画，画面背景铺满了黑色，少女就像是一束光打破了黑暗的寂然。这幅画虽然只用五种色彩就完成了，但是其中的色彩深浅不一，十分细腻。她穿着一件棕黄色的外衣，头上围着蓝色的头巾。她的皮肤是类似于嘴唇的淡淡的粉红色，她侧身回首，嘴巴微张，眼神中隐隐有些许诧然。你再看看她眼中的白，衬托出了她明亮的双眸。她戴着一种昂贵而又罕见的珍珠耳环，即使珍珠的一部分湮没在了阴影之中，也挡不住它的光彩夺目。然而这个神秘的少女是谁，仍是个未解之谜。无论如何，这幅杰作和他的其他作品都证明了，对于维米尔来说，绘画不是一份普普通通的工作，而是一种独特的热爱。

维米尔经常使用群青色，这是一种源于青金石的颜色，是一种尤为昂贵的色彩。

插画：弗吉尼亚·塔罗尼

威尼斯之旅

卡纳莱托

Canaletto

1697—1768 年

度假的时候你会拍照留念吗？当你回家之后，会因为怀念，而再次欣赏这些照片吗？ 18 世纪时，到威尼斯旅行的人们都没有相机，因为相机还没被发明出来，于是他们就会把卡纳莱托的画作带回家。

一次偶然的机会，卡纳莱托因为自己的威尼斯风景画、因为这座“运河之城”的画作而变得远近闻名。卡纳莱托是从他的父亲和兄弟那里学会了如何细致地绘画，他的父兄是专门给剧院绘制舞台场景的，如此演员们就可以在背景前尽情演绎了。后来他选择了创作风景画。从远处看，风景画有点儿像戏剧背景，画面十分丰富，包含了众多元素。于是他在威尼斯，在他出生的地方，描绘出了这个世界上绝无仅有的风景：一一倒映在水中的贡多拉船、宫殿、教堂，以及运河边人们生活的烟火气息。为了能更好地把握住威尼斯的精髓，卡纳莱托一直在城市中走走停停，一有想法就停下脚步开始作画。他也没有相机，但他的一位长辈给他留下了一个暗箱，给予了他莫大的帮助。这个暗箱是一种木质的投影仪，可以把物象投到幕布上或纸上，如此他就可以在布上或纸上精确地描绘出他亲眼见到的风景了。

在 18 世纪，年轻的贵族们一满 21 岁，就可以离开家去远游，这是一次没有家人的旅程，可能持续几个月，也可能好几年。他们的假期比你的要长得多，这些出行的人就是那个时代所谓的游客！威尼斯是最受欢迎的旅游地之一，返程时，他们中的许多人都会将卡纳莱托的作品带回去。因此卡纳莱托在国外名声大振，以至于他在英国生活的时候，人们踏破他的门槛只是想得到他的一幅画作。毕竟，英国的天气通常都很糟糕，而威尼斯美丽的风景和暖暖的太阳可以给漫长寒冷的冬天带来一丝丝安慰！

卡纳莱托的画作是历史上第一张明信片！

插画：保罗·莫斯切尼

会说话的废墟

乔凡尼·巴蒂斯塔·皮拉内西

Giovanni Battista Piranesi

1720—1778 年

乔凡尼·巴蒂斯塔·皮拉内西 20 岁的时候，想成为一名建筑师，所以他来了罗马，去到了罗马广场，在那里他第一次看到了古城遗迹，他感觉那些废墟在向他诉说着什么。他称它们为“会说话的废墟”，因为它们在述说着一个古老的民族曾经的故事，一群极具艺术天分的人创造了很多完美的、后人难以复刻的建筑物。古城遗址中有很多年代久远的拱门、柱子、雕像等残余的建筑，即使这些建筑早已倒塌，甚至杂草丛生，但这些古建筑仍令他痴迷，不，或许正因为它们，让他不只是成了一名建筑师。相反，他利用自己的建筑知识将罗马描绘了出来，用他的版画技艺展现出了罗马的建筑。你还记得什么是版画吗？丢勒也曾创作过版画，对吧？

皮拉内西画了数百幅城市景观图，并收集在他的四卷图册中，但他的最具代表性的作品却是另一个——30 幅监狱场景图。在 18 世纪，监狱是一个比现在的监狱丑恶得多、糟糕得多的地方，在那里，国王可以不用经过审判就能夺走你的性命，幸运的是，皮拉内西从未入狱。但是皮拉内西用他天马行空的想象力把监狱画成了一个令人惊悚又令人极度不安的地方，就像他在自己的书中写的那样。

那个庞杂又昏暗的房间，里面的阶梯到底有多少啊……难道你不想爬上去，难道你不好奇这些阶梯会把你带往哪里吗？事实上这些楼梯之间相互穿插，似乎并没有通向什么地方，你要进入很容易，但要走出去就不简单了，这不仅仅是一个监狱，更是一个迷宫！如果说古罗马的废墟真的向他倾诉过它的故事，他的画则完全是他的虚构幻想，他想象中的这些建筑简直就是建筑师们的梦想，或者说，是噩梦。通过绘画，皮拉内西终于创造出了永远不可能建造出来的建筑。

在 20 世纪，一位艺术家受到乔凡尼·巴蒂斯塔·皮拉内西的启发。找找看，是谁？

插画：大卫 · 斯佩尔塔

1808年5月3日

弗朗西斯科·戈雅

1746—1828 年

弗朗西斯科·戈雅出生于 18 世纪中叶的西班牙北部，他在年少时就展露出了他的天赋异禀，然而他接连两次在马德里美术学院的入学考试中落选，但戈雅并没有气馁，他坚持自学，并且就此开始了他在意大利的漫长之旅。25 岁时，他回到了自己的祖国，此时的他已经声名远播，还被任命为“国王的画师”，即国王的宫廷御用画师。你记得御用画师还有谁吗？还有委拉斯开兹，对吧？然而不幸的是，就在他人生中最辉煌的时候，他突发重病，暂时性失明了。此时，法国大革命推翻了君主制，这个世纪就在人们的满心期盼中结束了。

有人说理性之光会驱逐迷信和暴力的黑暗，但戈雅，也许是因为他的失明，他能看到正在发生的事情的阴暗面。他的画作《1808 年 5 月 3 日》描绘了法国军队向西班牙开战的场景，这幅画中可以看到光与影之间的鲜明对比。戈雅在作品中展现出了大革命中最戏剧性的时刻之一——法国人枪杀手无寸铁的老百姓。在宫廷生活的最初几年，他的画作颜色明亮而恬淡，但由于他自身的遭遇，以及历史车轮的滚滚向前，整个世界发生了翻天覆地的变化，所以他后期的作品越发深沉，越发具有戏剧张力。画中的士兵们排成一排，淹没在夜晚的黑暗中，他们面无表情，冷血地执行着命令。在灯笼微弱的光照之下，士兵面前的老百姓们满脸惊恐，悲痛欲绝，因为他们都毫无抵抗之力。

《1808 年 5 月 3 日》里黑暗似乎吞噬了一切，但灯笼的光芒点燃了人们的希望。

GAZETTE NATIONALE; OU LE MONITEUR UNIVERSEL
DU 13 JUILLET 1793.
Marat a été assassiné
MARAT.
DAVID.

插画：马可·拉塔利亚塔

暗杀与革命

雅克-路易·大卫

Jacques-Louis David

1748—1825 年

你知道什么是革命吗？革命对世界来说意味着会发生一次巨大的转变，就像我们发现不是太阳围绕着地球转，而是地球围绕着太阳转一样，或者革命就像是 1789 年，法国人民揭竿而起，从国王那里夺取政权，控制政府，建立了一个新的共和国一样。

法国大革命的口号是“自由、平等、博爱”。这是所有人第一次和贵族之间没有贵贱之分，这是所有人第一次拥有和贵族同等的权利和义务，虽然不幸的是，女人仍然不属于“所有人”这一行列。此时，所有的决策不再是王宫中的国王一人决定的，而是让公民共同参加会议，采取公民投票的方式进行选举，其中脱颖而出的，就成为新共和国的领导人。

马拉是大革命中的一位政治家，也是一名支持激进革命、支持以暴制暴的记者，而在这场革命中，他最终也付出了生命的代价。画家雅克-路易·大卫是马拉的朋友，为了能还原 1793 年 7 月他的朋友马拉去世的那一天发生的事情，他拿起了画笔，创作了《马拉之死》。这幅画作向我们描绘了法国大革命中马拉被刺杀的场景。在这场大革命中，不只国王被斩首了，共和国的新领袖罗伯斯比尔还处死了他所有的政敌，哪怕这个对手也曾是大革命中的战友。所有人每天都战战兢兢，活在恐惧之中，因此这段时期被称为“恐怖统治”时期。

杀害马拉的是一个名叫夏洛蒂·科黛的女孩，她对革命中的暴力、残忍感到绝望万分，于是才选择了刺杀支持激进革命的重要人物。马拉正在泡澡时，一个乡村女孩给他带来了一封信，紧接着这个女孩拿起一把匕首插入了马拉的胸口。你看看，马拉手里还攥着这封信！在这个作品中，你还可以看到他毫无生气、苍白的身体上还留着血迹。大卫想把他的朋友描绘成一个英雄，所以这幅画上的场景较为戏剧性，马拉虽赤身裸体，但全身的肌肉就像是古时候的雕像一样清晰可见。

地上的匕首以及信上的名字都是凶手留下的痕迹，凶手逃跑了！

插画：苏珊娜·莫拉里

变成神的女人

安东尼奥·卡诺瓦

Antonio Canova

1757—1822 年

狂欢节的时候，你喜欢戴上面具变成你想要成为的人吗？雕塑家安东尼奥·卡诺瓦天赋异禀，可以把人变成神，但可惜的是，你不能请他帮忙了！

卡诺瓦从他的祖父那里学会了雕刻，从小就展现出了他的卓尔不群。有一次，在一个参议员家的晚宴上，年仅 10 岁的他用黄油雕刻出了一头十分美丽的狮子。他的才华得到了这位富有的参议员的赏识，因此被带到威尼斯学习。稍年长一点儿，他去了罗马，之后又去了重新被发现的庞贝。庞贝古城在罗马时代被维苏威火山的熔岩掩埋了，18 世纪时，人们挖掘出了完好无损的整座城，城里所有的街道、宫殿和艺术品激起了人们对古代的好奇和热情。即使在今天，去到庞贝古城，也像在时空中穿梭一样，让你渴望回到那个遥远的过去生活！卡诺瓦也很向往古代世界，所以他慢慢学着了解古代的世界，并以希腊、罗马雕塑家以及他们的传说作为典范，创造了他的艺术。

在 19 世纪初，拿破仑皇帝征服了整个欧洲，于是他决定委托卡诺瓦雕刻一座宝林·波格塞的雕像，将自己 25 岁、以美貌而闻名的妹妹宝林·波格塞雕刻成爱神维纳斯的模样。雕像的左手拿着一个苹果，以此来纪念维纳斯在“帕里斯的裁判”中赢得了胜利。传说，三位女神询问凡人帕里斯，她们三个中谁最美，最后胜出的就是维纳斯，所以她获得了金苹果。卡诺瓦所有的雕塑都是美丽而神圣的，他的精湛技艺似乎已经将坚硬的大理石变成了小时候雕刻出狮子的黄油。他对自己塑造的宝林感到非常自豪，所以安装了一个机械使雕塑可以旋转，如此就能从各个角度展示出雕塑的美。古代的神不断重现在各个故事中——你还记得波提切利的维纳斯吗？多亏了卡诺瓦，奇迹发生了：艺术的力量使一个真实的人成了神！

除了宝林以外，安东尼奥·卡诺瓦还把拿破仑塑造成赐予和平的战神，但他拒绝成为皇帝的宫廷肖像画师。

插画：马可 · 拉塔利亚塔

想象力的先知

威廉·布莱克

1757—1827 年

古希腊人曾说：“诗是有声的画，画是无声的诗。”18 世纪的一位英国艺术家威廉·布莱克就证明了这两种艺术之间存在着一种独特而亲近的关系，不仅因为他既是画家也是诗人，也因为他的奇思妙想，将诗歌与绘画连接了起来。

布莱克在 10 岁学会了读写之后，就决定追求自己的爱好，于是离开了学校去学习美术。同时他也渐渐成了一个阅读爱好者，他开始接触《圣经》，翻阅了希腊神话，以及诗歌。慢慢地，他开始将不同文化联系起来，打造了一个属于自己的神话，甚至凭借自己的想象力建立了自己的信仰。

布莱克一生都致力于版画的创作，一辈子都在为诗歌绘制插图，比如给但丁的《神曲·地狱篇》绘制插图。他不想一味地摹写真实，而是将自己梦到的、幻想的一切转化为了文字和图画。因此他的作品中满是幻想的龙和怪物、古时候的神和新创造的神，魔鬼和代表光明的生物……许多人不理解他为什么这样独树一帜，都以为他精神错乱，但布莱克并不以为然，仍在继续歌颂人类创造力的伟大，反对社会和传统宗教中的教条束缚。他就像一个先知者，不断祈求着新世界的到来，在那个全新的世界里，每个人都可以拥有自由，就像是他的艺术中所展现出来的自由一样。多亏了布莱克，你才可以明白是什么真正将诗和画联系在一起的，一个是文字，一个是图画和色彩，但你可以将浮现在你脑海中的东西同时用在文字和图画中。

和许多艺术家一样，现实生活中的威廉·布莱克也是穷困潦倒的。

插画：大卫·斯佩尔塔

拥有许多名字的人生

葛饰北斋

Hokusai

1760—1849 年

你有没有试过给自己想一个名字，然后让别人这样称呼你？扮演别人很有趣，拥有不同的名字会帮你尽快进入角色，就像在 200 年前，改名给一位日本画家带来的很大助力一样。每当他的生活发生了剧变，或是他想要转变艺术风格时，就会为自己换一个不同的名字。他一生中换了 30 次名字，现在我们所熟知的他叫作“北斋”，意思是“北极星”。

人生起起又落落，有变故是常态。他第一次进入学校时叫“春朗”（意思是春天的光辉），而他人生中最大的转折就是离开了这里。在这里，他学会了浮世绘，这种画多为木版画，可以批量印刷，有点儿像现在复印海报一样。19 世纪初，浮世绘在日本非常受欢迎，主要描绘的是城市的风景、人们的生活、人物（如相扑摔跤手、戏剧演员），一些商人和手工艺人买不起真正的画作，就会购买这样的复制画放在家里。北斋厌倦了每天重复画风景、描绘大自然、刻画普通的人物像，因此他毅然决然地离开了学校，从此迎来了他事业的高峰。因为他很喜欢表演，因此人们称他为古怪的艺术家。比如，有一次，他把扫帚作为画笔，将画纸在 200 平方米的地上摊开，当众绘画；还有一次，他将公鸡的爪子浸泡在红色的颜料中，然后在众人的惊讶声中，让公鸡在一幅秋景图上来回走动，直到公鸡的爪印成功变成了从树上飘零的落叶。

富士山是一座火山，对于日本人来说是一个非常神圣的地方。北斋在 60 岁之后，致力于富士山的描绘，他后期的主要作品就是富士山，他描绘了富士山 100 来次。他的一生都在研究大自然，想要将大自然无边的力量展现出来。弥留之际，他说他想活到 110 岁，这样就可以再换一个新名字，再继续学习，就能成为一名真正的画家了！

他最著名的作品是一幅巨浪图，看着它，你仿佛能听到咆哮声！

插画：弗吉尼亚 · 塔罗尼

风景

卡斯帕·大卫·弗里德里希

Caspar David Friedrich

1774—1840 年

你看到漂亮的风景时，会不会驻足欣赏，然后浮想联翩？大自然时而狂躁喧嚣，时而平静安宁，就像 19 世纪的德意志画家卡斯帕·大卫·弗里德里希在《云海中的旅行者》中所描绘的那样，让你简直挪不开眼睛。

这幅画上，有一个人面朝着云雾缭绕的山谷，正如它的标题，这片山谷看起来就像是一片大海，一个个山脊就像是礁石一样从大海中冒了出来。在这趟旅途中，你跟在这个旅行者身后，但其实你只能够看到他的背影而已，出于好奇，你紧紧跟在他身后，跟随着他的步伐穿梭在山间。你觉得此刻他脸色怎么样？会是什么表情呢？他撑着一根细杖，任凭山谷间的风拨乱他的头发，他似乎沉浸在了面前的风景之中。当阳光灿烂的时候，你是否感觉格外幸福？当阴雨绵绵，导致你无法出门时，你是否会感觉到一丝丝忧郁？而这里的景色似乎也在映照他此刻的心情，你觉得此刻他是什么心情？

弗里德里希是浪漫主义绘画的主要代表人物之一，浪漫主义是 19 世纪的艺术家们试图在与自然的接触中寻求某种意义非凡的东西而进行的一次改革。浪漫主义者认为情感、想象力以及与自然的接触尤其重要，因为单凭理性和逻辑是根本感受不到世间万物的。大自然的平和与美丽帮助艺术家们找到了他们在世界上的定位，让他们感受到了在浩瀚的大自然面前，人类是如此的渺小。那片雾海把一切都包裹在了神秘的白色之中，让你不由自主会去想象雾海另一端你看不到的东西是什么。弗里德里希也希望你可以像旅行者一样，沉浸在你双眼看得到和看不到的风景之中。

你试着静静地凝视某处风景，会不会觉得似乎有了一些新的想法，一些不同的感受？

插画：保罗 · 莫斯切尼

自由之战

欧仁·德拉克洛瓦

Eugène Delacroix

1798—1863 年

1830 年 7 月底，巴黎人民开始反抗，革命最终以失败告终。之后——你还记得法国大革命中那个悲惨的故事吗？你还记得大卫吗？——法国又重回君主制，国王想要夺走人民最后剩下的那一点点自由，以防再次发生暴乱。

于是，人民为了争取自由、为了废黜君主进行了三天的斗争，但画家欧仁·德拉克洛瓦并没有加入其中，而是用他的画作《自由引导人民》将这一次作战呈现了出来。德拉克洛瓦是一位浪漫的艺术家，他坚信生活应该是充满激情的。巴黎的卢浮宫是世界上最早的博物馆之一，在它建起后不久，德拉克洛瓦就经常去那里，研究艺术大师们是如何将自己的观点和情感表达出来的。你从他的画作，感受一下画中所呈现出来的自由：一个年轻女子，袒露出上身，丝毫没有束缚地站在街垒上，一只手用力挥舞着法国国旗，另一只手自豪地拿着一把步枪！你站在这幅画前，会不会不知不觉仿佛身临其境？她就像是古代的女神一样美丽而强大，在她的周围是一群正在战斗的巴黎人，有一个勇敢的拿着枪的小男孩，一个拿着军刀的男人，一个戴着礼帽的优雅绅士……不论倒下了多少被国王军队残杀的同胞，全体人民齐心协力，英勇地战斗。

在这三天的奋战之后，一位领袖向人民做出承诺，承诺会尊重人民的权利，于是他登上了王位。为了能鞭策国王信守诺言，政府的官员们购买了这幅画，并将它展示在了王宫中。但他们很快意识到，这件作品极具戏剧张力，画面过于生动，感染力极强，以至于会激发人民为自由而战的渴望，于是他们就把这幅画藏匿了起来。

有时一幅画可能比一整支军队更可怕！

插画：保罗·莫斯切尼

拉斐尔前派的天使

但丁·加百利·罗赛蒂

Dante Gabriel Rossetti

1828—1882 年

据《福音书》记载，天使加百利奉神的差遣，来到圣母马利亚面前报喜："蒙大恩的女子，我问你安，主和你同在了！"当马利亚得知自己受圣灵感孕，即将生下耶稣时，十分担忧。许多画家就将圣母马利亚此时心绪不定的场景描绘了出来。

但丁·加百利·罗赛蒂的父母是意大利人，但他们在维多利亚女王漫长的统治期间，一直居住在英国，因此罗赛蒂出生于伦敦。罗赛蒂是拉斐尔前派美术改革运动的发起人，"拉斐尔前派"这个词看起来可能有点儿奇怪，但当时的画家们就是想用这个词来暗指他们所追求的"诗意"，即追求一种诗意的艺术表现手法。拉斐尔前派的艺术家们试图尽可能地在作品中将生活与美结合起来，他们希望艺术能回到拉斐尔之前，能恢复意大利文艺复兴之前的传统的绘画方式，能重回从前的朴素与纯净。

在罗赛蒂的作品《天使报喜》中，马利亚是惊慌失措的，她几乎蜷缩在凌乱的床上，将背紧紧靠在墙上，想要远离天使耀眼的光。马利亚甚至都没有勇气直面神圣的使者，她的眼睛看向地面，非常焦虑地想搞明白是怎么回事。

罗赛蒂被中世纪时期艺术大师们的精神所打动，因此不想再一味地效仿老式的画法，他虔诚地阅读《福音书》，以期能抓住《福音书》的精髓。这幅画中，天使和圣母将整个画面铺满，天使微微踮起左脚尖，看起来很轻盈却令人望而生畏，天使给少女献上了两朵代表着纯洁的白色百合花，这是天使宽慰少女的方式，想要少女放宽心并对未来充满信心。我们知道画家所展现出来的这一幕想要表达的是女孩的生活发生了翻天覆地的变化，而现实世界也是如此。天使仿佛在对少女说："不要怕，再艰难的事情、再困难的挑战都不能吓倒我们。"

试想一下，如果你接到一个很重要又令人振奋的任务，你会有什么反应呢？

插画：苏珊娜·莫拉里

捕捉印象

爱德华·马奈

Édouard Manet

1832—1883 年

如果我们看漫画的话，就不会惊讶于跑步的时候，有人的腿被画成一个旋转的轮子。“我们知道”是一件事，而“我们看到”却是另一回事，但由于习惯，也就是我们所说的“常识”，让我们可以明白看到的是什么。

19 世纪末，印象派画家想要描绘的不是“我们知道”的东西，而是“我们看到”的东西，想要捕捉住出现在我们眼前的那一刻的印象。比如，看看爱德华·马奈的《阳台》，这幅画描绘了两个女孩：前排的女孩倚靠在栏杆上，将画面横切成了两半，另一个女孩站在后面，中间还有一位留着胡子的先生，处在深色的背景之中。现如今，这幅作品被认为是马奈的代表作之一，但当时的评论家们并不喜欢它，他们觉得衣服的白色太醒目了，女孩的脸庞没有立体感，几乎看不清这位男士，室内隐隐约约还有另一个几乎注意不到的人。然而，所有的这些“缺陷”都是马奈故意的，因为在现实生活中，一个穿着黑色衣服的人在黑暗的背景中确实几乎看不见，在白天，光线明亮的时候，面部也确实是模糊不清的，因此画中的面部轮廓扁平，而白色连衣裙也确实让人觉得刺眼。但是如果摄影师必须在阳光直射之下，给穿着白色长袍的教皇拍照，那么他们就理解这一点了。也正因为这些“缺陷”，今天在我们看来，马奈的画作比过去的许多画作都更为真实。我们刚刚观察了楼房前身着白色衣服的那些女孩，现在让我们睁大双眼，来看看她们身后的男士，看看他的胡子下是否藏有一抹微笑……这或许是他对批判者的嘲讽！

从前，人们并不认为爱德华·马奈是印象派画家，但如果没有他，印象派可能永远不会诞生。

插画：弗吉尼亚·塔罗尼

孤独的画家

保罗·塞尚

Paul Cézanne

1839—1906 年

塞尚一边谈论着他的画，一边将双手手指紧紧缠绕在一起，说道：“孤独最适合我。”塞尚出生在法国普罗旺斯地区艾克斯的一个富裕家庭，但他与父亲相处得并不融洽，他是一个内向的人，不属于晚上在巴黎小酒馆里饮酒作乐的艺术家。

塞尚热爱地质学，喜欢在他的绘画中表现出物象的坚实感、深度感和立体感。石头和峭壁是他绘画中非常重要的元素，据说他甚至把人的脸也画成了山的模样，人脸上深深的皱纹就像是山上的一道道裂缝，脸部的不平滑就像是山上的岩石般凹凸起伏。这就是为什么他的肖像画具有很强的立体感，似乎画中的物象即将从画布上走出来一样。塞尚描绘出来的人物十分饱满，正如在他的风景画中感受不到空气一样，就算有，那这空气也是浑厚的、沉重的。他画作中的天空是浓稠的蓝色，他使用的色彩多是厚重的土色，当画笔不能体现色彩的强烈质感时，他就用调色刀直接厚厚地抹上去。

塞尚的作品《浴女们》里，一群女人躺在地面上，稍远处是一条河流，背景是蓝色的天空、绿色的枝叶以及赭石色的大地。沐浴者的肤色比大地的颜色稍浅，就好像它们是由同一块泥塑造出来的似的。塞尚手握画笔，说道：“色彩丰富到一定程度，形也就成了。”有时，他还会尝试用风景来制作自己的肖像！

你仔细地看看别人的脸，看起来能像是一座山吗？

插画：苏珊娜·莫拉里

色彩交织

克劳德·莫奈

Claude Monet

1840—1926年

你想象一下黎明时分的港口，在一片灰蓝色中，两艘深色的小船若隐若现，透过笼罩的雾气，隐隐约约能看到太阳，还有一些旗杆和机械吊臂，随意飘过的云朵映射出太阳的光。看看克劳德·莫奈的《日出印象》，这不就是你想象中的景象吗？这幅画的轮廓并不清晰，但它给人留下的印象却很深刻，你看着它，仿佛身临其境，就像日出真的就在你面前。

然而，在1874年，当这幅画在法国巴黎展出时，却受到了强烈抨击，因为它不够“现实”，从而被判定为“印象派”。印象派是一个艺术团体的名称，在19世纪下半叶改变了当时的绘画方式。这种新的绘画方式有什么意义呢？莫奈向一位画家朋友认真解释了这一点，他宁愿生来就失明，然后重获视力，这样他就可以画出以前从未见过的、属于他自己的东西。莫奈想要一双没有记忆的眼睛，这样他就能抓住当前这一刻的感觉了。

在莫奈位于吉维尼的乡间小舍中，每个房间的颜色都不同，但对莫奈来说，比房子更重要的是花园，比花园更重要的是池塘，而池塘上还有他为欣赏睡莲而修建的小桥。莫奈在不同的时间、不同的时刻描绘了250次睡莲，根据光线的变化，画出来的东西也会完全变样。杰出的睡莲组画，现如今存放于巴黎橘园美术馆，画上各种颜色完美地交织在一起，人们只能看到花和树木的轮廓，不……它们传递出了多少真情实感啊！

你也像克劳德·莫奈一样画组画吧。在不同光照条件下，对同一个事物做不同的描绘，看看它是如何变化的。

插画：保罗·莫斯切尼

海关官员的梦

亨利·卢梭

Henri Rousseau

1844—1910年

这是一幅奇怪的画作：在郁郁葱葱的热带森林中，一个赤身裸体、貌美肤白的女人舒适地躺在沙发上，就好像她在巴黎的家中似的。一位艺术评论家问作者："森林里为什么会有一张沙发呢？"确实很奇怪，不是吗？让我们先来看看"海关官员"亨利·卢梭是什么样的。

事实上，卢梭一直在法国巴黎的海关工作，直到退休。他是一位海关官员，而对于绘画，可以说他一无所知。但他非常喜欢画画，一开始他会描摹一些简单的东西，比如说穿黑色衣服的自己、手里拿着调色板的自己、婚礼上的新婚夫妇或者牧师，他还会把摆好姿势、一脸严肃的亲戚画到草坪上。他画作中的每一根草都清晰可见，每片叶子都是明亮有光泽的，每一个枝干都是光滑而高大的，你也是这么画的吗？他的画法与最古老、最原始的画法十分相似，画中没有阴影，毫无深度也没有空间感。然而评论家们非常喜欢他的画作，他们认为卢梭有一个"率真的灵魂"，他在用一双纯净的眼睛看世界。

卢梭描绘了很多迷人的景色，比如森林、前所未见的花朵、野生动物、神秘的仪式。他说，这些是他去巴西旅行的所见所闻，但有人猜测所有的这一切实际上都是卢梭想象出来的，是为了给他平凡的画作增加一点儿色彩。

我们再次回到前面评论家提出的问题：沙发为什么会出现在赤道地带的森林里？卢梭非常聪明地答道："一个女人在令人陶醉的音乐中进入了梦乡，然后做了一个很神奇的梦，梦到自己被运到了热带丛林里。"但也许这个女人的奇幻之梦，正是海关官员卢梭的梦，他一直幻想着生活在一个无与伦比的世界里。

你觉得沙发为什么会在森林里？

插画：弗吉尼亚 · 塔罗尼

游离于两个世界之间的画家

保罗·高更

Paul Gauguin

1848—1903 年

艺术家通常都是很古怪的，艺术家们的故事也是很特别的，其中尤为特别的当数保罗·高更的故事。起初，这位法国画家开始他的艺术旅程的时候，他还是一名收入很高的股票经纪人，因此不同于其他艺术家的一贫如洗，此时的他一点儿都不穷。他热衷于艺术，他的妻子十分担心他把家产挥霍一空，因为家里堆满了西斯莱、莫奈、塞尚和毕沙罗的画作，其中一些画家还是他的朋友，也多亏了他们，他才开始画画。画画的股票经纪人，听起来很奇怪，不是吗？对于股票经纪人这一职业来说，需要有一双敏锐的眼睛，是需要精于计算并遵循诸多规章制度的，但是艺术家们会在巴黎郊区的酒吧纸醉金迷，他们不论是在创作中还是生活中，都是以叛逆和无视各种条条框框而闻名的。

然而高更介于这两种截然不同的世界之间，于是他决定这两种世界他通通不要！

所以高更决定离开巴黎去寻找一个我们所谓的简单、原始的世界。起初，他去了布列塔尼，然后去了法国南部拜访凡·高。然而，最后他们的友谊在激烈的争吵中破裂了，于是他在 1891 年起程前往塔希提岛。在那里，他完成了他最出名的一些作品，这些作品大多描绘了表情丰富的女孩们、当地人最原始的仪式、郁郁葱葱的大自然……他的画作经常用大片绚丽的色彩来传达一种安静从容，比如赭石色的身体、绿色的森林、红色的衣裳。

高更在塔希提岛度过了他接下来的人生，虽然那时他非常贫穷，但对于他来说可能也是快乐的。他还留下了一些著作，并在自己的日记中写道：“一个人的生命仅仅是时间长河中的一小块碎片而已，又怎么可能在如此短暂的瞬间创造永恒呢？”我们如今可以回答他了：“亲爱的保罗，可以的！画画可以创造永恒！”

你不觉得保罗·高更的艺术已经拥有了类似于永恒的某种东西了吗？

插画：弗吉尼亚 · 塔罗尼

发现太阳

文森特·凡·高

Vincent van Gogh

1853—1890 年

你知道文森特·凡·高的《向日葵》吗？画的是一种明亮而灿烂的大黄花，如今世界上很多人家中也挂有这样的装饰品，有印刷的也有装裱了的。凡·高应该会为此感到骄傲自豪吧，因为哪怕他还在世，他也想不到他的画作会变得如此出名。

凡·高 1853 年出生于荷兰，35 岁时来到了法国巴黎他的弟弟提奥那里，那时提奥在一家艺术商人的工作室工作，于是在提奥的介绍下，凡·高结识了一些印象派的艺术家。对于凡·高来说，他早已习惯了荷兰的绘画方式，即将光与影发挥到极致的画法。因此那些法国画家华丽璀璨的色彩对于他来说，简直就是一个难以抗拒的发现，于是为了更好地寻找阳光、寻找亮丽的风景，他搬到了法国南部的阿尔勒小镇。

不幸的是，他的画作并没有立即受到同时代人的赞赏，因此凡·高甚至都无法养活自己。尽管如此，1888 年至 1890 年间，凡·高在泉涌般的灵感推动下，还是创作出了他一生中最重要的作品《向日葵》，作品中满是他最偏爱的色彩——黄色，因为这象征着太阳和大地，代表着光明和希望。他经常与弟弟提奥通信，在信中他会讲述自己的想法和希望，倾诉他无边的孤独，以及有朝一日他的付出终会有所回报的期盼。他在信中写道："有时候人的情绪是很强大的，以至于你会在无意识中作画。"他强烈的情绪点燃了他的画作，凡·高不想像照相那样复制现实，而是用图案和色彩来抒发自己的情感。从近处观看他的画作就可以发现他将同一种色彩重叠交织在一起，使得画面有一种独特的厚重感。凡·高总是在一种极度激动的情绪下绘画，也许正是这种神经紧绷引发了他精神错乱，特别是在 1889 年，迫于无奈，他不得不住进疗养院休养。凡·高最著名的杰作之一《星夜》就是他在疗养院期间，望着病房的窗户创作出来的。

他喜欢在晚上画画，为了有光照，他戴了一顶有蜡烛的帽子。

插画：弗吉尼亚 · 塔罗尼

点彩

乔治·修拉

Georges Seurat

1859—1891 年

来看看乔治·修拉的画。你会不会觉得他的画是由不计其数的彩色小圆点组成的？如果你凑近了仔细看的话会这么认为，但只要稍微拉开一点儿距离，你就会发现其实这一个个小圆点构成了不同的图案。

修拉的代表作《大碗岛的星期日下午》，描述的是休假的一天，画面上有在散步的情侣，有在嬉戏玩耍的小孩，还有远处蓝蓝的流水。

法国画家修拉是新印象画派的主要代表人物，因为他采用了一种被称为“点彩”的绘画方式，即用笔尖把各种颜色密密麻麻地点在画布上，以此画法画的此类作品被称为“新印象主义”。修拉根据色彩学说，只使用原色色点来进行绘画，比如纯蓝色与纯红色相结合，就能有紫色的效果，黄色加蓝色就变成了绿色。如果你画画的话，应该很清楚这一点，因为你在调色板上就将颜料混合在一起进行了调色。但是，在新印象画派艺术家的创作中，颜色不是在调色板上，而是在我们的眼睛里进行调和的，他们把不同的、纯色的点不经调和混放在一起，就可以获得鲜明亮丽的色彩效果。因此，点彩技术对于大型图案或简单形状的描绘来说都是极佳的。这与中世纪的细密画和杨·凡·爱克的绘画艺术完全相反。你还记得它们吗？

修拉还研究出了一种将颜色、形状与情感联系起来的理论：“黑暗的色调、冷色调、往下走的线条代表着悲伤，明亮的色调、暖色调、向上扬的线条代表着快乐，而位于这两种之间的色调和线条走向能给人一种淡然平和的感觉。”《大碗岛的星期日下午》中的大草坪，将画面分成了被阳光照射的部分和处于阴凉中的部分，画中女人衣服的颜色、树干的线条，你觉得代表什么感觉呢？

你知不知道视频中的图像也是由一个个小圆点组成的？
这些圆点分别是红色、绿色还有蓝色！

插画：保罗 · 莫斯切尼

女人的三个阶段

古斯塔夫·克利姆特

GUSTAV KLIMT

1862—1918 年

天知道古斯塔夫·克利姆特在创作《女人的三个阶段》这幅画时在想什么！1905 年的维也纳城日新月异，有了咖啡、新建筑物、杂志、地铁……可能奥地利维也纳艺术家古斯塔夫·克利姆特也感受到了所有的这些变化，所以才创作出了这件作品。我们已经见到过了一个类似的作品，你还记得是什么吗？《谨慎的寓言》，对吧？它比《女人的三个阶段》早了好几个世纪，是艺术大师提香在 16 世纪创作的，描绘出了生命中三个年龄段的变化。提香为了更加准确地展现出少年、中年及老年的特点，在这三张面孔下还描绘了三种不同的动物，并附上箴言，以此来表达他的忠告。

而克利姆特将一个被鲜花围绕的年轻母亲画在一侧，她有一头金色的头发，她的皮肤白皙得就像她怀里抱着的小女儿一样，她轻轻将脸贴着女儿，她们相互依偎，闭着双眼享受着此刻的温馨。而另一侧是一个曾孕育过小孩的老妇人，她肚腩突起，一双手上满是皱纹，一双腿十分瘦削，她佝偻地站着，用手捂住眼睛，灰白的头发垂下遮住了她的脸庞，她似乎十分消沉。她的双脚分别位于一条线的两端，分别站在橘黄色和黑色的背景之中，她就像是站在一个通道上，即将走向人生的另一段旅程似的。

克利姆特在画这三个女性的时候是怎么想的，我们毫无头绪，但我们能确信一件事，那就是这幅画力量之大，可以让我们深切感受到一个女人生命中的三个阶段：幼年、青年以及老年。

时间会改变一切。而他创作的一件作品，呈现出了物体、植物以及生命的三个不同阶段。

插画：弗吉尼亚·塔罗尼

呐喊

爱德华·蒙克

Edvard Munch

1863—1944 年

2020 年因为新冠肺炎，我们被关在家里好几个月，你回想一下这是什么感觉。再想想看，挪威画家爱德华·蒙克在奥斯陆附近埃克利的家中与世隔绝了 20 多年，这又该是什么滋味。

蒙克从很小的时候就开始面临死亡了，5 岁的时候，他失去了母亲，紧跟着是姐姐、哥哥，最后是父亲，所以死亡是他的作品中永恒不变的主题。

蒙克曾住在巴黎和柏林，在那里举办了个人作品展，但是一经展出就受到了强烈的抨击，可以说这是灾难性的画展。因为在评论家眼中，他绘画的图案过于简单，他的笔触以及色彩的使用过于粗糙，就像是还没有画完的草图。

然而，10 年后，蒙克一雪前耻，他成了一名受人尊敬的画家，并在柏林展出了一系列名为《生命之舞》的作品。在展厅的四面墙上，依次陈列出了描绘他生命中最重要的时刻的画作。蒙克用这些作品，向大家敞开心扉，向世界坦露他的思绪以及深藏在心底的恐惧。

蒙克最著名的画作叫作《呐喊》，是《生命之舞》组画系列的最后一幅画，这幅画似乎是一场噩梦，一个骷髅脸的人正直视着我们，在血红色的天空下还有两个人跟在他身后。从蒙克的日记中我们得知，他描绘的是他和两个朋友在奥斯陆附近散步的场景，但我们既不知道蒙克到底在看谁，也不知道他为什么呐喊，或者，他在害怕什么。许多人在《呐喊》中看到了自己的悲痛，恰恰是这些不细腻的笔触描绘出了世界上每个人不尽相同的悲伤。你不觉得这幅画的“呐喊声”振聋发聩得让你想要堵住耳朵吗？

你有没有试过这样无声地呐喊？

插画：国漫拾光 王言

平凡世界中的欢乐与诗意

齐白石

QI BAISHI

1864—1957 年

你平常有没有特别留意，在我们的身边，有很多可爱的花花草草与昆虫？100 多年前，在中国湖南省湘潭县的一个乡村，有个 14 岁的小木匠，每天与木头、锯子、凿子打交道，在木头上雕花。有一天，他偶然看见一本残缺的《芥子园画谱》，如获至宝，之后花了大半年时间全部临摹了一遍。小木匠本想给自己留一套雕花的蓝本，却不知不觉完成了艺术的入门，更没料到自己日后会成为家喻户晓的中国画大师。这个小木匠，就是齐白石。

齐白石画的花鸟虫鱼广受人们的喜爱。你知道他和别的画家究竟有什么不同吗？

其独特之处，就是很喜欢用豪放洒脱的笔法，随意涂抹出那些花花草草，使得画作生趣盎然，这种画法被人们称为“写意”。但若细心观察，你又会发现他画作花草之中虫子的触须、爪子，翅膀的花纹等细节历历可辨，叫人叹为观止！这种用精细入微的笔触严谨描绘昆虫细节的画法被人们称为“工笔”。

这么一来，齐白石笔下挥洒的“写意”花草，与逼真的“工笔”昆虫，在同一个画面中就形成了震撼的虚实对比，一种淳朴可爱的视觉反差。

不得不说，这种高明的艺术，出自齐白石的千锤百炼。他少年时代就开始雕刻昆虫，中年时期又反复临摹前辈画家的昆虫，60 多岁后已经画得非常像了。但他仍然觉得不够“活”，甚至自己养了几只蝈蝈天天观察它们活动的姿态。如此，他画的虫子像活了一样，每只虫的轻重、厚薄、软硬，都在细致的笔墨中表达出来，仿佛在一个“此时无声胜有声”的百草园里。

晚年齐白石，更表现出返老还童的幽默。他的《残席诱虫》，寥寥几笔就勾勒了茶壶和杯盘，充满睿智；他又以精湛的技巧，将几只被残瓜引诱而来的小虫画得清晰可爱；最后再调皮地用红色点出鲜润欲滴的残瓜……夏日时光呼之欲出，令人神往。

齐白石以他天真风趣的艺术，将平凡的世界生动地展现于画纸上，面对这些温馨的画面，人们能看到生命的欢乐和诗意，体会到齐白石对生活的热爱与赞美。

插画：弗吉尼亚·塔罗尼

画布上的交响曲

瓦西里·康定斯基

VASILIJ KANDINSKIJ

1866—1944 年

你喜欢瓦西里·康定斯基在 1923 年 7 月创作的作品《构图 8 号》吗？即使你并不明白这画的是什么，但你也会喜欢的，对吗？让我们来看看这是为什么。

康定斯基出生于俄国莫斯科，在那里生活了 30 年，直到 1896 年，发生了两件事，让他从此过上了另一种生活。第一件事是他参加了一个演出，改变了他对音乐以及绘画的认知，于是他决定放弃莫斯科的大学生涯，去德国学习美术。让我们从德国作曲家理查德·瓦格纳的歌剧《罗恩格林》说起，在演出中，康定斯基觉得画布上的图画就像音符一样，这让他觉得音乐和绘画是密不可分的。他写道："我从灵魂深处听到了色彩的声音，它们仿佛就在我眼前，蛮横地画着，几近疯狂。"然后，莫奈的画深深地敲击了他的心房。你还记得莫奈吗？对此，他写道："猛然间我看到一幅画，我第一次看到这样的画……这幅画中所有的幻想、所有的美妙都在我的眼前展露无遗。"

正是由于这两次邂逅，康定斯基开始尝试绘画各种各样的图案，大胆地尝试各种鲜艳的颜色，于是便创作出了抽象艺术的构图组画，虽不现实但极具表现力和感染力。

现在你再来看看《构图 8 号》。这幅画有着和谐的节奏感，你是否也听到了几何图形和色彩拉奏出的交响曲？似乎康定斯基正在为画前的你演奏着一首悦耳的歌。

你知不知道，对于瓦西里·康定斯基来说，
这些色彩就像是一个个跳跃的音符，在传达着他的情感。

插画：弗吉尼亚 · 塔罗尼

凶猛的野兽

亨利·马蒂斯

Henri Matisse

1869—1954 年

有没有人曾经为了取笑你，给你取外号，结果你非常喜欢，就把它当作你自己的昵称？曾经有一位艺术评论家为了抨击画家亨利·马蒂斯和他的法国同伴们陈旧而野蛮的绘画方式，就称他们为“野兽”。艺术家们觉得这个名字非常贴合他们的绘画风格，因此就用这个作为他们流派的名字，于是“野兽派”就在岁月长河中一代一代流传了下来。

亨利·马蒂斯出生于法国北部，20 多岁时，在一次机缘巧合之下，他对绘画的热情一发不可收，于是开始在巴黎美术学院学习，几年后，又来到画家居斯塔夫·莫罗的画室继续学习。30 岁时，他开始不断地做试验，尝试将各种鲜明、大胆的色彩组合起来，用强有力的笔触来绘画，并与其他野兽派画家共同展出了一系列与当时艺术风格截然不同的作品。

野兽派艺术家们对色彩的使用颇有研究，他们是从软管里挤出颜料，直接在画布上进行涂抹的，他们是自由自在的，不必费尽心思非要将现实复刻出来。马蒂斯经常使用橙黄色、蓝色和黄色等色调，并随意将这些色彩拼凑在一起，故意形成色彩的强烈对比，在绘画中释放自己的情绪，表达自己的情感。

虽然这个绰号流传了下来，但随着时间的流逝，马蒂斯的画风也渐渐发生了变化。1907 年，在一次重要的聚会中，他认识了毕加索，从此便与他建立起了深厚而持久的友谊，他们彼此敬重，却也共同竞争，共同进步。

1941 年，由于身体原因，马蒂斯不得不坐上轮椅，不能再执笔创作了，于是他开始尝试使用新的材料和新的技艺，创作出了“拼贴”。他用稀释后的颜料在纸片上涂色，然后将纸片剪下来，将这些纸片拼组出图画，再贴在他书房的墙壁或者是画布上。

有时候，有一些色彩看起来一点儿都不真实，
但你不觉得恰恰是这些色彩更形象地将现实反映出来了吗？

插画：盖亚 · 科波拉

创新者

贾科莫·巴拉

GIACOMO BALLA

1871—1958 年

普里莫·卡尔内拉是一名拳击运动员，1933 年在纽约经过了六轮角逐后，击败杰克·沙基赢得了世界重量级冠军。卡尔内拉被称为“巨人拳王”，在赢得了世界冠军之后，他成了意大利非常受欢迎的人物，是男孩子们的偶像。《米兰体育报》在封面刊登出了他的照片，报纸销量高达 60 万份，贾科莫·巴拉就受到了这张照片的启发画了一幅拳击运动员画像，画作中，拳击运动员的肌肉十分结实，而他脸上的表情却是平静的。

在这幅画中，卡尔内拉的强健体魄在一片深蓝色阴影之中凸显了出来，他耸起的双肩使他看起来像是一个角斗士。马尔米体育场有许多各种体育赛事冠军的巨型雕像，如果你住在罗马，就去这里看看吧，去了这里你就会明白，撇开这件作品本身的艺术价值不谈，为什么普里莫·卡尔内拉的肖像会变得如此出名了。

但除了拳击手坚实的肌肉之外，巴拉还试验创新出了一种新的绘画方式，他在画布上涂上一小点或一小块的纯色，让人们在一定距离观赏时，有一种强烈的动感。艺术家们用这些纯色点构建出了画作中的一个个画面。你找找看！

巴拉是一名未来主义画家，他热爱城市生活，热爱现代化的东西，并尝试过不同的工作，接触过不同的领域，他的艺术作品中，有很多出人意料的东西。例如，在 20 世纪初，他创作了名为《活着的人》的系列画作，描绘出了农民、乞丐、病人和疯子的世界，将他们被世人排挤、穷困潦倒的世界展现了出来。

贾科莫·巴拉非常喜欢未来主义，为了向现代化致敬，他给自己的女儿起名叫 Elica 和 Luce（意思分别是“螺旋”“电灯”）。

插画：盖亚 · 科波拉

几何艺术

蒙德里安

Piet Mondrian

1872—1944 年

“当下的艺术应该脱离自然的外在形式，消除色调的深浅变化，利用基础的三原色（黄、红、蓝）创造抽象的造型。绘画应该是由垂直线构成而不应该有任何的曲线，因为曲线会引起人们情绪的波动……”

荷兰画家蒙德里安对绘画有他独到而坚定的想法，在原色色调均衡的情况下，他会将黑、白两种色调交替贯穿于画布之上，让人感觉到和谐与和平。

多观察观察蒙德里安创作的树，你就能发现他的艺术风格是如何演变的。最开始，他的树有点儿类似于他的同乡凡・高的树。如果他止步于此，那么他将和大多数的艺术家一样，追随艺术的最新潮流，游历于整个欧洲，特别是法国。但显然他并不甘于此，后来，他创作了一棵大树，树干呈淡红色，树枝向蓝天无限延展，虽然它光秃秃的，但它屹立在凛冽寒风之中，显得更加雄伟。

再之后，他作品中的树木逐渐失去它原本的形态，树干越变越小，树枝在一片错综复杂中越变越长。

最后，他的整个画布都变成了灰色，他的树枝变成了一系列纵横交织的线条，填满了整个画布，自然形态消失了，他实现了他最后的转变。

对于蒙德里安来说，他的作品有一个非常重要的使命，那就是追求纯粹实在！他的几何画由大大小小的方格构成，然后用原色进行色彩填充，并用黑色的线条将色块分离开来（其中最著名的是蒙德里安在 1920 年创作的《构成 A》）。

他是否算真的成功了，我们不知道，但他确实引起了全世界的极大关注，在时尚和设计的艺术领域，很多著名的建筑师和设计师就是从这些画作中汲取到了灵感。比如，在阿姆斯特丹的一家博物馆里，你就可以看到一张显然受到他的艺术启发而设计出的躺椅。

像康定斯基一样，蒙德里安在《百老汇街爵士风钢琴曲》的画作中将音乐呈现了出来。

插画：盖亚 · 科波拉

绘画的“无”

卡西米尔·马列维奇

Kazimir Malevič

1878—1935 年

倘若你面前有一个边长 80 厘米的白底上的黑色方块，闭上眼睛，想象一下，你脑子里浮现出了什么？不论是多简单的画作，它都可以有很多不同的诠释，那么你觉得这块黑色是什么呢？比如，据《创世记》记载，是上帝将黑暗与光明分离开来的，那么在此之前，世界可能就是一个没有尽头的黑洞，是一片空虚混沌；它也可能是一个黑暗的空间，是时常在深夜潜入梦境让我们尖叫着惊醒过来的无边恐惧。1915 年，莫斯科的一家画廊，在最显眼的地方展出了这幅黑色方块，这是一件评论家们争论了许久的作品：有一些人看到了它的本质，认为诞生了一种新的艺术形式；有一些人则认为这不过是作者在哗众取宠，是对艺术的一种挑衅；也有许多人看着面前“空无一物”的作品，目瞪口呆。

这个黑色方块的作者是卡西米尔·马列维奇，他在基辅出生，在莫斯科学习艺术。他年轻的时候就尝试了不同风格的绘画，起初，他的绘画创作是受印象派画作的启发，然后是没有规律可言的立体主义和未来主义。但一直以来，有一个声音、有一个念想无时无刻不在呼唤着他，这个念想比世界上任何一个东西都令他着迷，那就是摆脱过去的一切制约和束缚，只呈现纯粹的艺术。方块取代了艺术史上过去所有的一切，也代替着即将来临的未来，跃然纸上。《白底上的黑色方块》就是如此诞生的，也由此开启了艺术的新阶程。马列维奇赋予画作以生命的运动被称为“至上主义”，代表着艺术家的感觉高于其他任何事物，是至高无上的。简而言之，不管是大自然、我们生活的世界，还是世间的万事万物，客观世界的视觉现象本身是无意义的，有意义的东西是感觉，唯一重要的是艺术家情感的纯粹表达。

表象、本质以及颜色这些绘画的元素像这样被分离并展示出来，是有史以来第一次。马列维奇说：“当绘画不再需要实质的东西时，这才是真正的绘画。”

由于存放不当，黑色方块不再是全黑的，黑色表面上出现了许多白色裂缝。

插画：大卫 · 斯佩尔塔

一切皆可画

毕加索

Pablo Picasso

1881—1973 年

你有没有发现，你可以用某种方式，将你是如何绘画去展现出来？毕加索可以用他的画“画出”任何东西。小时候，他就展现出了自己惊人的艺术天赋，于是他的父亲放下了自己的画笔和调色板，成了一名美术老师，只为专心培养他。

毕加索出生于西班牙马拉加，19 岁时搬到了巴黎，在那里，他经历了人生最艰难的低谷期，但他并没有气馁，而是坚定了要成为艺术家的决心，最终成为艺术史上最具创造性的人物之一。

26 岁时，毕加索画了一幅名为《亚维农的少女》的画作，呈现出了五个裸体女人，轰动一时。为什么会引起不小的轰动呢？因为这五个女孩有着变了形的非人类的脸，看起来一点儿都不现实。正如一些评论家批判毕加索那样，称这些脸是“立体派”，而对于他的其他作品，评论家们评论道：“不论是地方、人物还是房屋建筑，通通都被他变成了几何图案，变成立方体。”毕加索和他的朋友们非常喜欢评论家们的这种称谓，于是就把“立体派”作为自己流派的名字。

但毕加索的绘画之路很长，立体主义仅仅是他艺术人生中的一小阶段。

1937 年，在西班牙，纳粹空军轰炸了格尔尼卡镇，残杀了许许多多无辜的平民百姓。随后毕加索在两个月内画了一幅长 7 米多、高 3 米多的大幅画作《格尔尼卡》。你可以从右往左来欣赏这幅画：在悲凉氛围之下，堆积了一张张沉痛的脸和一个个饱受折磨的身体，垂死的马在对着天空嘶吼。在这幅画作中，毕加索画出来的所有图像依旧是超现实的，但观看它的人们并没有任何的质疑，只是似乎听到他们都在说：“战争简直太可怕了！”

在毕加索 92 年的人生中，他创作了许多作品，你去找找看！

插画：盖亚 · 科波拉

运动的风格

翁贝特·波丘尼

UMBERTO BOCCIONI

1882—1916 年

就拿一枚 20 分的硬币来说，欧盟每个国家的这种硬币上都绘制了不同的图案，而意大利的硬币上面复刻了一个缩小版的青铜雕像，这是翁贝特·波丘尼在 1913 年创作的雕像，高 1 米多，作品名是《空间连续的独特形体》。

那么“空间连续的独特形体”是什么意思呢？这是一个没有头也没有手、正在昂首阔步的人，紧绷的肌肉展现出了他的矫健身姿，在空中向后飘的衣服展示出了人在疾走时的动作连续性，如此就能将运动时的速度以及力量表现得淋漓尽致，这就是他常说的具有“运动的风格”。

波丘尼不仅是一位雕塑家，还是一位具有冒险精神的画家。

几个世纪以来，画家们一直努力通过透视法在绘画（二维平面）中展示出空间感（三维空间）。然而，在 20 世纪，摄影和电影已经比较普遍了。波丘尼认为，摄影和电影对现实的复制几近完美，再与它们一争高下，是毫无意义的。因此，他构思出了一种新画法，将一切物象，比如路人、树木……都融合到了同一平面上。

波丘尼十分崇拜工业，因此不断在工业主题中探索，试图将新现实呈现出来，在那个工业世界里，所有的一切都能够给人一种强烈的动态感。可是他是如何做到的呢？他凭自己的直觉来寻找一些独特的东西，然后展现出他们在空间中保持连续性的形态。这句话可能十分晦涩难懂，所以不明白到底是在说什么，但你可以试着欣赏欣赏《同时的愿景》这件作品，试着去体会这句话是什么意思。右边似乎是从阳台上露出的一个女人的侧脸，左边似乎仍然是同一个女人，只不过是以仰视的角度看到的她的脸，正如作品名那样，这是同时存在的画面。令人百思不得其解的是，阳台上的女人的脸颊和一匹小马重叠在了一起。这匹马为什么会无端出现在这里？在传统绘画中，找不到任何马出现在这里的依据。

试着观察几分钟动物的动作是怎么样的，你能画出和《同时的愿景》一样的画吗？

插画：苏珊娜 · 莫拉里

心灵的眼睛

阿梅代奥·莫迪利亚尼

Amedeo Modigliani

1884—1920 年

你还记得文艺复兴时期画家们的肖像画吗，比如达·芬奇或拉斐尔的？现代画家也喜欢画肖像，阿梅代奥·莫迪利亚尼也画了很多，且大部分都是年轻女人的肖像。

可能他大部分的创作灵感都来源于他的爱人珍妮·耶布特奴。《戴帽子的珍妮·耶布特奴》这幅肖像画，是在珍妮 19 岁、他 33 岁的时候完成的。珍妮戴着一顶高高的黑色帽子，除了帽檐以外，其他部分都是用纵向的线条描绘而成的，她的脖子细长，比正常人长得多，她的手修长，手指放在下巴处，你再观察观察她的鼻子、她的脸。

你发现肖像的特别之处了吗？

珍妮没有眼睛，取而代之的是，莫迪利亚尼画了两片天空蓝的小湖。但在真实的照片中，珍妮有一头浓密的黑发，她的眼睛是棕色的。或许那片天空蓝是他创造的，也或许，他看到的就是这样的眼睛，所以他改变了人物现实中的模样，把他看到的爱人展现了出来。

这幅画是在巴黎完成的。莫迪利亚尼出生在意大利利沃诺一个犹太人家庭。他自小体弱多病，只热衷于画画。22 岁的时候，他怀揣着成为画家的梦想来到了巴黎。但是来到这里，他才发现这里生活着许多更加有创造力的艺术家们，其中不乏诗人、音乐家、戏剧作家还有画家，他被淹没在了大城市的艺术狂热之中。虽然他得到了一位商人的资助，但始终找不到灵感，于是他迷失了方向，感到迷惘，于是就开始酗酒。他去世两天后，他的爱人珍妮也绝望地自杀了，再后来，珍妮的肖像画让他闻名于世。艺术家们死后才功成名就，简直是上天捉弄啊！

你自拍一张，仔细研究研究，怎么样才能把脖子画得比以往任何时候都长。

插画：大卫·斯佩尔塔

会魔法的小孩

马克·夏加尔

Marc Chagall

1887—1985 年

你对自己的小时候还有印象吗？你知道吗，即使你觉得你已经忘记了很多东西，但其实它们伴随了你一生。

特别是有一位犹太艺术家，他的童年时代对他的生活以及他的作品都有着深深的影响。马克·夏加尔于 1887 年出生在立陶宛，将近 98 岁的时候，在普罗旺斯的家中去世。在他出生的那一天，他的故乡遭到了哥萨克人的袭击，他们摧毁了房屋，放火烧毁了犹太教堂。幸运的是，夏加尔一家从这场灾难中逃了出来，所以夏加尔才有机会开始他的画家生涯，尽管他的父母极力反对。传统的犹太人不喜欢绘画，因为据一些经文记载，绘画会给人类带来巨大的灾难。然而夏加尔违反了这一禁令，他画了数百幅画，他描绘了男人、女人、小孩、狗、山羊，描绘人们在屋顶上飞，人们拿着一些乐器或是带着一些动物在天空中翱翔，夏加尔让所有的一切都沉浸在了一片梦幻当中。你有没有做过在屋顶上飞的梦？

据说多明戈·莫都格诺演唱的歌曲《蔚蓝之蓝》就是受到了夏加尔的画作《夜晚的红公鸡》的启发。

在夏加尔漫长的一生中，他经历了两次世界大战，他曾参加俄国革命，曾环游世界，曾在莫斯科、巴黎、柏林、纽约生活。他经历过人生的大起大落，阅历丰富，但是一旦看他的画作，你就会觉得他仍然是一个小孩，仍然是从前那个看到小提琴在屋顶上飞的小孩！

为了躲避水灾或火灾，镇子里的犹太人真的曾经爬上过屋顶。

插画：马可 · 拉塔利亚塔

请问，厕所在哪里？

马塞尔·杜尚

1887—1968 年

什么是真正的艺术作品？

让我们看看马塞尔·杜尚想要告诉我们什么。

这位艺术家曾就读于巴黎权威的朱利亚艺术学院，是一位先锋画家，也是一名艺术革命者。突然有一天，他觉得当时的艺术再也表达不出新的东西了，于是他决定重新创造艺术。

那是在 1913 年，第一次世界大战即将爆发，人们都在为战争做准备，谁还有心情创作出好作品？此时的艺术就需要一次革命。而 4 年后，杜尚就给了艺术界这样一场变革。为了参加纽约的独立艺术家展览，他花了 6 美元，并将他的作品寄了过去，他将作品命名为《泉》，这是一个……小便池。杜尚拿了一个工业制造的陶瓷小便池，把它放在一个底座上旋转 90 度。你想象一下这引起了多大的轰动！当时，这件物品被刊登在了最重要的一些艺术杂志上，同时也遭受着评论家们的批判，因为每件艺术品都必须是独特的，是原创的，可是批量生产的小便池既不独特也不是原创。

杜尚和他的支持者们反驳道：“小便池是现成的，是已经制成的日常用品，但正因为艺术家选择了它，所以它就变成了艺术。”换句话说，艺术不在于物品本身也不在于它的独特，而在于艺术家决定把它公之于众。在杜尚这里，对于艺术的思考取代了作品本身，这对于艺术的未来影响极其深远。你怎么看？你觉得这是一件艺术品吗？

马塞尔·杜尚的妹妹在打扫他的工作室时，把他的第一件现成品扔掉了。

插画：苏珊娜·莫拉里

画之声

乔治·德·基里科

Giorgio de Chirico

1888—1978 年

你有没有想过，画会发出声音呢？在描绘战争的画作中，我们似乎听到马儿焦躁的嘶吼声；在肖像画前，似乎能听到人们长时间摆姿势发出的呼吸声。那么在《蒙帕纳斯火车站》中，你听到了什么声音？寂静的声音！

这件作品属于形而上画派，描绘了荒凉的城市和空旷的广场，那里有一些诡异的假人以及神秘又让人不安的东西。比如，在这个车站，有一串香蕉和两个拖着长长阴影的人。对于形而上画作中的许多场景，可能你并不陌生，那是因为乔治·德·基里科是一个具有意大利血统但出生于希腊的人，他总是把自己出生在希腊的事实解释为命运的安排，所以他将文艺复兴、希腊时期的建筑，如风景、拱门以及典雅的城市建筑复制到了他的作品中。这些景象都是由笔直的线条勾画出来的，传递出一种平衡、寂静的感觉，但画里总会出现一束反常的光，或者神话传说中奇奇怪怪的东西或人物。

例如，你知道阿里阿德涅被忒修斯抛弃的故事吗？乔治·德·基里科多次把阿里阿德涅画成一尊雕像放入画中，呈现出一个被欺骗的女孩，她永远徒劳地在等待着她的爱情。

但这位艺术家不仅创作了形而上的画作，还是一位诗人，他创作的灵感源于拉斐尔和鲁本斯（你还记得他们是谁吗？），他把日常生活中的东西插入了奇怪的地方，放到了它本不应该在的地方：比如房间里满是不合逻辑、离奇的东西，如残缺的雕塑，角尺或是其他绘画工具。在乔治·德·基里科之后，出现了一些受到他启发的画家，人们称他们为超现实主义者（如萨尔瓦多·达利以及勒内·马格利特）。

也许你曾经也做过类似这幅画的梦？

插画：马可·拉塔利亚塔

胡椒、罗勒和肉豆蔻

曼·雷

Man Ray

1890—1976 年

曼·雷有很多重身份，画家、摄影师、导演、实验家，特别要说的是，他还有一个独特的称呼——超现实主义艺术家。超现实主义艺术家对我们所看到的现实不感兴趣，他们不想描绘大自然，也不想描绘人物，而是想要给梦想、思想、意念，有时候甚至是我们所不知道的东西塑以形态。

艾曼纽·雷汀斯基，这是他的本名，他出生在美国费城的一个俄罗斯移民家庭，“曼·雷”是他给自己取的名字，意思是“光线人”，这个名字听起来像不像超人祖先？曼·雷的超现实主义是一种超常态的存在：它有时是令人惊奇的，有时是荒诞的，有时又能将不同的感觉出奇地融合在一起，并且每个人都可以根据自己的感觉有不一样的理解。而之所以会有这样的感觉，是因为他在丰富的幻想中翱翔，将现实与梦幻、具象与抽象神奇地组合在了一起。

让我们以他最出名的作品之一《熨斗》为例，熨斗是一种家庭日常用具，而曼·雷却在上面粘贴了 14 颗长而锋利的钉子。这对于那个年代的家庭主妇来说，难道不是噩梦般的惩罚吗？

或者你再找一找《安格尔的小提琴》，这是一个美丽的舞女吉吉的背部照。曼·雷就像是在小提琴的琴盒上作画一样，在女人的背上画了两个弯曲的字母 F，这暗示人的身体可以像小提琴一样被拉奏。而作品的名字也隐含了一个文字游戏，它会让人想起安格尔，想起那个多次描绘裸背的画家，同时也想起他在自己的业余爱好——小提琴上的造诣，以至于现在如果说某人有一个“安格尔的提琴”，那么就意味着他会做好自己分内工作的同时，也热衷于自己的兴趣爱好。

一位同事这样评价曼·雷：“他的画作是由罗勒、肉豆蔻、一撮胡椒和实心的欧芹秆制成，仔细品尝方能体会到它的美味。”这一评价以它超现实主义的方式，体现了曼·雷作品的耐人寻味！

曼·雷的第一个现成品《熨斗》在 1921 年的一次展览上被偷走了。

插画：马可 · 拉塔利亚塔

庭院的窗户

乔治·莫兰迪

Giorgio Morandi

1890—1964 年

我们已经认识了一些画家，他们有的性格古怪，有的性格反复无常；有的是冒险家，有的是伟大的旅行者。他们中很多人都具有革新精神，而他们的艺术都在诉说着他们不安于平静的灵魂。然而，并非所有人都如此，让我们以乔治·莫兰迪为例来看看。

他人生中的大部分时间都待在了自己的房间里，待在了意大利博洛尼亚，生于斯，死于斯。他的家位于方达扎大街 36 号，现在人们都可以去参观，并且值得一去。

1933 年，莫兰迪一家一搬到了这里，莫兰迪就告诉他的母亲和三个姐妹，他想要最里面、窗户朝向庭院的房间，于是他就拥有了一个庭中种有橄榄树的小花园，莫兰迪还发现阳光会穿过窗户从房间的左边透进来，这正是他想要的！

莫兰迪是一名成功的画家，同时他也在博洛尼亚美术学院教授版画，并依靠这份薪水维持生活。事实上，在很小的时候，他就展现出了在版画上的天赋和热情。版画是一种印刷技术，是用刀等工具在金属（锌、铜、黄铜）等版上进行雕刻后印刷出来的图画。你还记得吗？丢勒和皮拉内西也很喜欢这种印刷技术。

在他度过自己大部分人生的房间里，莫兰迪画了静物画，即对没有生命的物体进行描绘。然而，他的静物画非常特别，因为描绘的是罐子、瓶子、咖啡机、碗。可能有人会问：瓶子、杯子的复制品算是艺术吗？

莫兰迪的伟大之处恰恰在于，当你观看他的画作时，你会觉得那些往往被艺术忽略了的生活用具，虽然没有动，但是它们在散发着一种能量，在释放出一种魔力，让人觉得它们似乎很重要并且意义非凡，就好像我们第一次见到它们一样。也许艺术的魅力就在于此：给总是在我们眼前的东西赋予新的意义！

对我来说，没有什么是抽象的：
我相信，没有任何东西比我们所看到的世界更抽象，更不真实的了。
——乔治 · 莫兰迪

插画：大卫·斯佩尔塔

谜一般的画家

勒内·马格利特

René Magritte

1898—1967 年

你有没有问过别人什么是烟斗？你可能会说：“这是什么问题！烟斗就是烟斗啊！”比利时画家勒内·马格利特是超现实主义的支持者，他认为所有的一切并不是大家所看到的那样。

他出生于比利时莱西纳的一个资产阶级家庭，1916 年就读于布鲁塞尔皇家美术学院，两年后辍学。随后搬到了巴黎，成了超现实主义的主要代表人物之一。

心理学的诞生深深影响了超现实主义者，对于他们来说，梦幻和想象是现实的一部分，就像现实是梦幻的一部分一样。

超现实主义艺术家们认为，艺术可以把现实世界和梦幻世界在“一种绝对的真实，一种超越的真实”中融合起来。

对于马格利特来说，深深隐藏起来的东西比我们目之所及的更为重要：他介绍自己是一个“谜一般的画家”，他认为一个东西隐藏起来的另一层深意往往是神秘的，是难以理解的，他想知道我们会如何透过表象看本质。

马格利特的作品中包含了很多不和谐的元素，显得很突兀，让人感觉不可思议又很迷惑。

例如，在《图像的背叛》中，马格利特画了一根烟斗，画下写着一句话：“你看到的不是烟斗。”我们双眼看到的和我们读到的文字让我们怀疑我们所知道的现实。比如这根烟斗，艺术家想要暗示，正如我们所看到的那样，它是真实的，但它也是不真实的，因为它是某一隐藏起来的物象的表象，而不是物象本身。从这个层面上来说，“你看到的不是烟斗”的说法就是正确的！

仔细探究一下谜一般的伪造者勒内·马格利特，他是真的他吗，为什么？

插画：马可 · 拉塔利亚塔

空间的突破

卢西奥 · 丰塔纳

1899—1968 年

1966 年，那时的卢西奥 · 丰塔纳已经成为一位知名艺术家，他讲了一个故事："前段时间，一位外科医生来我的工作室寻我，他说我画布上的'那些洞'，他也可以戳得很好。我回答说，我也会锯腿，但我知道，病人腿断后就会死掉。可是如果是他来锯的，结果就会不一样。"丰塔纳用这段话表明，他的作品看起来很简单，似乎任何人都可以复制，但事实上，这是他长年研究、突破画布的边界得到的成果。

卢西奥 · 丰塔纳从 1958 年到 1968 年创作的画作都十分相似：首先，它的画布都涂成了同一种颜色，然后他会在画布上穿孔或者划出裂痕（一个或多个裂痕），最后再以同样的名字——《空间概念》或《空间概念 · 期待》——来命名。

在一幅这样的画中，艺术家用蓝色的颜料涂满整个画布，然后再将画布割破。用这种方式，他发现了什么呢？卢西奥 · 丰塔纳发现的正是画布的裂痕。通过这种暴力的行为，他发现裂痕打破了画布的二维平面，成功将画布的正反两面连接在了一起，将人们的视线，通过画布本身，通往其后的空间，将画布这个扁平的画面，变成了一个三维立体的作品。

在这里，划破画布不是艺术家突如其来的一个动作，也不是他泄愤的方式，而是像杰克逊 · 波洛克任凭颜料在画布上流淌的"滴画法"一样，是一种绘画方式。事实上，完成作品的过程是漫长的，丰塔纳需要在画布前聚精会神、停留许久，才能找到合适的起点，突破画布表面，创建一个不曾存在的空间维度。因此，丰塔纳就成功将我们的想象力推向我们双眼所不及的地方：就像是正在邀请我们穿过画布的结界，去发现它可能隐藏的秘密。

如果是卢西奥 · 丰塔纳的真迹，那么在作品的背面会标注有题目、签名以及一句总是不同的简短的话。

插画：保罗·莫斯切尼

梦想成真

萨尔瓦多·达利

Salvador Dalí

1904—1989 年

你有没有这样的经历，当你醒过来的时候还清晰地记得刚刚做过的梦，但是不知道从何说起？下次再遇到这样的情况，你可以试着把它画出来！

萨尔瓦多·达利的床边就放着一张画布，只为了当他醒过来的时候可以立刻捕捉梦境，将它画出来。他给夜晚的梦境、白日梦赋予了形态，创作出了许多新颖又极具创造力的作品。在他哥哥去世 9 个月后，他出生在加泰罗尼亚，他的名字萨尔瓦多就是从他哥哥的名字中得来的，或许他穷尽一生都在努力把自己和哥哥区分开来，而萨尔瓦多这个名字也因为他的绘画、雕塑、舞台布景以及他古怪的行为而被人们牢牢记住。

你看看他的胡子，他的双眼炯炯有神，他是一个古怪的家伙，连他自己也深知自己的脾性！

达利画了很多动物、宗教主题的画作，根据儿时的记忆，描绘了加泰罗尼亚夏天的夜晚、即将崩塌的老房子。他不考虑重量问题，把大象腿画得长而细，他描绘出的蚂蚁让你感觉到生命的短暂，或者，你再看看他画的即将消融的时钟，它们会让人感觉到时间的无情流逝。

1929 年，在战后的巴黎，达利狂妄奇怪的行为以及他怪诞的艺术受到了一群超现实主义艺术家的喜爱与赞扬，于是他加入了超现实主义画派。1936 年，在伦敦的一次展览上，他穿着潜水服来到这里，宣称他要潜入人们的想象之中，如此才能更好地理解人们的想法。

现在轮到你了，你可以沉浸在达利的画作中，试着找找在这无限的可能中你能用你的想象创造出怎样的艺术！

在他众多古怪的行为中还有一件特别的：
他养了一只豹猫，一种类似于猫但具有豹子特征的猫科动物！

插画：弗吉尼亚 · 塔罗尼

自拍女王

弗里达·卡罗

Frida Kahlo

1907—1954 年

你觉不觉得现在的自拍有点儿像过去的自画像？虽然形式变了，但归根结底它们还是大同小异的。自拍和自画像都是人们选择的向别人展示自己的方式。

弗里达·卡罗一生中总共创作了约 143 件作品，其中自画像多达 55 幅，可以说，她早已预见到了当今世界自拍是多么流行！在这些自画像中，一些是镜中真实的她自己，而有一些则是她想象的自己。

弗里达·卡罗是墨西哥最伟大的女画家，也是坚强、积极乐观和勇敢坚定的典范。她于 1907 年出生在墨西哥城，刚满 6 岁的时候，被诊断出患有小儿麻痹症，这种病使她的右腿萎缩变形，左右腿长短不一，因为这个身体缺陷，导致她在学校饱受折磨。当她年满 18 岁时，由于一场事故，她的身体遭到了重创。从那天起，身体上的疼痛成为她人生中不可分割的一部分，她总是独自一人，起初是在医院，然后不得不打上石膏，卧床在家。

她躺在床上一动不能动，身体上的痛苦日复一日折磨着她，但正是因为这些，弗里达渐渐接触到了艺术，她正是在医院画了她的第一幅自画像。那时，她的父母为她打造了一张漂亮的四柱床，在天花板上安置了一面镜子，并给了她画笔和颜料来打发时间。就这样，她开始了她的艺术生涯，创作过程中虽充斥着痛苦，但她对艺术的激情从未减少。事故发生后，弗里达再也无法正常行走了，艺术就变成了她看世界的唯一一扇“窗”。

她说：“我画的是我自己，因为我经常孤独一人，我才是最了解我自己的人。”这许许多多的自画像就像是弗里达私密的日记一样，里面讲述了她的病痛，叙说了她的一生。然而，这些画作并不是令人悲伤的，也没有在传达想要活下去的渴望！

弗里达·卡罗曾经躺在床上参加过自己的一个展览开幕式。

插画：盖亚 · 科波拉

致力于恐怖的艺术家

弗兰西斯·培根

FRANCIS BACON

1909—1992 年

绘画可以将非常强烈的情感传达出来……但它传达的也可能是很可怕的东西！来看看这位艺术家的作品，你就会觉得我说的是对的。他的名字是弗兰西斯·培根，他是一个一生致力于创作恐怖画的艺术家。

想象一下这个场景：1945 年 4 月，伦敦，第二次世界大战即将结束，空气中弥漫着一种乐观向上的气息，在勒费弗画廊里，有一个人站在一位年轻的不知名画家的画作前，瞪大了双眼。看看《三张十字架底下人物的素描》这幅画：三具畸形的身体扭曲着。左边是一个像人类的怪物，它的肩膀宽厚弯曲；中间的怪物眼睛上蒙有一根布条，长脖子的末端有一张咬牙切齿的嘴；最后第三幅更怪异，是由人的残肢断节构成的——张开的下颌、残留的一只耳朵、露出来的肋骨。

培根一生都在创作让人感觉悲痛欲绝和恐惧的画面，比如，在讥笑的诡异的头颅、被碎成四块的动物尸体、残缺的尸块。他出生在爱尔兰的一个富裕家庭，从小就孤僻，身体羸弱。他的父亲认为他是一个一无是处的人，经常责备他，16 岁时他被赶出了家门。培根先是去了伦敦，然后是柏林、巴黎，在那里他看到了毕加索的作品，于是开始了他的艺术生涯。他和他的保姆一直生活在伦敦。那是一段艰难的生活。后来培根最珍爱的朋友乔治·戴尔自杀，杰西去世是培根一生中最大的打击，他内心极度痛苦，陷入了深深的绝望。而这些痛苦、绝望、恐惧都变成了他绘画的元素，变成了一幅幅令人痛苦、感到恐惧的杰作。

当弗兰西斯·培根没钱买画布时，他会在画布的背面作画。

插画：盖亚·科波拉

蜘蛛与母亲

路易丝·布尔乔亚

Louise Bourgeois

1911—2010 年

你喜欢蜘蛛吗？许多人都很讨厌或者是害怕蜘蛛，而对于人们接触蜘蛛所产生的恐惧感还有一个名字，叫“蜘蛛恐惧症”。但是在许多国家，它们被认为是一种神奇的生物，是可以给予人类帮助、带来财富的圣物。对于艺术家路易丝·布尔乔亚而言，蜘蛛是一种既可怕又仁慈的动物，它们身上还有一种母亲的感觉。

路易丝于 1911 年圣诞节出生在巴黎，当她 3 岁时，她的父亲就离开了她，去了第一次世界大战的战场。等她的父亲回来的时候，全身是伤，性格变得狂妄又冷酷。她和父亲的关系从来都没有融洽过，他是一个蛮横无理的男人，还经常辱骂自己的女儿和妻子。他有许多情妇，其中还包括路易丝的保姆，她认为父亲背叛了他们的家，因此，她从未原谅过他。路易丝与她的母亲感情一向深厚，每当母亲在工作的时候，她总是喜欢待在母亲身旁。她的母亲总是在作坊里用图案、装饰品来修补古董挂毯或是大型手工缝制的衣物，将破损的地方缝好，并重新染色，恢复它原本的色彩，因此路易丝从母亲那里第一次接触到了艺术。

母亲的编织修补对于路易丝来说，就像是蜘蛛织网一样，因此她创作了雕塑《妈妈》，这是一只高 10 米的巨型蜘蛛，是由青铜、钢铁和大理石制成的。它看起来可能像是一个惊悚可怕的怪物，巨大而令人恐惧，但它的腿又是纤细的，从而也展现出了它的脆弱。它并不想攻击你，它表现出来的狰狞、恐怖都是为了保护它肚子下的幼崽。路易丝将她对父亲所有的愤怒以及对母亲深深的爱都融入了这个令人恐惧而非比寻常的动物身上。蜘蛛非常耐心地织着自己的网，这是用来攻击也是用于防御的工具，蜘蛛用它来捕捉猎物，也用来保护它的幼崽。

当你看到蜘蛛网时不要破坏它，把自己想象成是一只正在织网的蜘蛛，然后把网画出来。

插画：大卫·斯佩尔塔

彩色蜘蛛网

杰克逊·波洛克

Jackson Pollock

1912—1956 年

也许你不是一个喜欢被规则束缚的人，更喜欢听从自己的内心，随心做事……你知不知道，在艺术史上，就是这种感觉给一些伟大的杰作赋予了生命。杰克逊·波洛克是一位十分叛逆的画家。为什么呢？因为他不是在创作作品，而是在复活作品：他任凭灵感摆布，随意走在画布上，以便能够成为“进入图画的灵魂”。

波洛克的一生短暂而热烈，称得上是一个真正的“名人”。1949 年 8 月，美国的一本杂志《生活》上有这么一篇文章《他是美国在世画家中最伟大的吗？》，在一片质疑声中，这位艺术家的名声享誉国内外。

波洛克和当代艺术家之间最大的区别是什么呢？他们最大的区别是绘画使用的材料以及绘画方式，波洛克没有使用画笔和油画颜料，而是发明了“滴画法”，使用木棍、刀片等工具以及工业珐琅颜料，他把巨大的画布平铺在地面上，然后再将色彩滴到画布上。如此，他就创作了由墨渍、颜料喷溅的点，颜色的滴痕以及纵横交错的线条构成的抽象画，色彩无处不在，整个画面充实而丰富。

看看他的《炼金术》，你就会发现画布的中心和画布边缘没有任何的区别。如果凝视片刻他的画作，你会感到一阵眩晕，周围的空间仿佛在移动似的。

在记录他工作的视频中，你可以看到波洛克以闪电般的速度从画布的一侧移动到另一侧，从而创造出这些巨大的彩色蜘蛛网，他就像是在跳舞般，试图摆脱内心的焦躁不安。在谈论到他的工作方式时，他说：“当我在绘画时，我不知道我在做什么。之后当我恢复知觉时，我就看到画作已然完成了。”你也可以尝试尝试这种离经叛道的行为……但你滴颜料的时候要小心一点儿！

《炼金术》是杰克逊·波洛克使用“滴画法”的第一部作品，近期才得到了修复。

插画：马可·拉塔利亚塔

肉体与外科医生

阿尔贝托·布里

ALBERTO BURRI

1915—1995 年

长途旅行回家之后，你有没有觉得你所在的城市变糟糕了？路灯一闪一闪的，遍地都是垃圾，建筑物上到处都是文字涂鸦……也许在你离开之前它原本就是这样的，只是环境的变化往往会改变我们看待事物的角度。

阿尔贝托·布里就有类似的经历。他来自意大利翁布里亚的城堡市，1940 年毕业于医学专业，随后加入了意大利军队，并作为志愿者去了第二次世界大战的非洲前线。4 年后，他成了一名军医，但是在突尼斯被英国人俘虏并被带到得克萨斯州的一个集中营，他在那里待到了战争结束。之后，当他再次回到意大利的时候，他发现他印象中所有的一切都不复存在了，满眼望去，只剩下战争后的萧条。意大利俨然变成了一片废墟，甚至连拥有数百年历史的教堂都被摧毁了。于是布里决定弃医从艺，成为一名艺术家，如此就能将自己从前的生活找回来。

布里没有像其他人一样绘画，而是利用废弃物来制作艺术品，因为他想从被摧毁掉的东西里创造出美。

布里经常用火来创作！他会焚烧画布，如此就能创造出大大小小的洞。

布里创作艺术的方法就是用手或是特殊工具来塑造不同的孔洞，它们就像是一个个伤口一样，让人感受到一种遭受摧残的美。

艺术家就是外科医生，图画就是活生生的肉体。

——詹姆斯 · L. 斯威尼

插画：保罗·莫斯切尼

漫画与绘画

罗伊·利希滕斯坦

Roy Lichtenstein

1923—1997 年

你看一看旁边的插图就能够看出艺术家罗伊·利希滕斯坦的真迹和赝品的不同之处了。你见过女孩被亲吻的模样吗？你可能会问：为什么她的皮肤上有那么多小红点？你甚至会感到很疑惑：为什么黄色的背景中有很多更大的点？……在利希滕斯坦艺术生涯的某一时期，他突然想到利用网格来画画，即用油墨透过网格上的小孔来进行绘画。起初，他是用穿孔铝板和狗毛刷来操作的，随后又改为使用镂空的金属网，如此便创造了新的绘画方式——网点画法。

什么是网点呢？如果你用放大镜来仔细观察报纸上印刷的照片，就会发现印刷出来的照片是由无数的点构成的。不同颜色的组合可以创造出不同的色彩效果，和修拉创作的点彩画类似，你还记得吗？

但是，为什么利希滕斯坦会选择这种方式来绘画呢？因为他想要将围绕在我们身边的图像都呈现出来，比如，电影、电视、传统媒体（以及今天的社交媒体）。如今，我们生活在一个被图像支配的世界里，这些图像会让我们觉得我们所看到的就是客观事实，没有什么比图像看起来更真实了。我们以为我们在照片上看到的一切就是永恒，但其实并不总是这样的。比如，当一个人正在张嘴咬东西的时候，你把它拍了下来（这并不是一个好看的画面），那一刻确实是“真实的”，但这个动作只是持续了一小会儿，是我们把这一刻定格在了照片中，我们才会注意到它可能是我们从来没有注意过的一个画面而已。利希滕斯坦选择了网点画法来创作，是因为他想尽可能地将图画给人的欺骗感展现出来，是为了告诉人们这些图画是真实的，同时也是虚假的。他作品中的这些吻就像是一张照片的碎片，用了漫画的方法将其放大描绘了出来。

波普艺术家们被电视和印刷物上的许多图像所震撼。
但是，我们今天看到的比他们多多了，不是吗？

插画：苏珊娜·莫拉里

波点世界

草间弥生

YAYoI KUSAMA

1929 年

如果你喜欢彩色的波点花纹，那么草间弥生就是为你而生的艺术家。她有一个纯白的房间，叫作“消逝屋”，里面放满了白色家具和物品，来访者可以随意粘贴彩色波点贴纸。草间弥生的波点花纹随处可见，在巨大的画布上，墙壁上，包包上和衣服上。但是，在这个让她成名的主题下，隐藏着一个悲伤的故事。

草间弥生出生在一个传统的家庭，成长于一个乡间小镇。从小，她与母亲的关系就十分紧张，她的母亲一直试图熄灭她对艺术的爱，一旦发现草间弥生在画画，就会夺走她的画纸和画笔。10 岁时，由于幻觉，草间弥生画了一幅全身是波点的日本女人，自此，幻觉伴随了她一生，她的整个世界，房子、人、天空，所有这些都被无休止的波点所覆盖。

草间弥生丰富的想象力使她变成了一名真正的艺术明星。1957 年，当草间弥生还年轻的时候，就逃离了日本，来到纽约开始创作，成了安迪·沃霍尔的朋友，同时也是对手。草间弥生颇具煽动性的作品向整个社会发起了挑战，成为解放女性自由运动以及反对种族主义运动中不可或缺的一部分。

随着艺术家的成长，草间弥生的风格也渐渐发生了改变，唯一不变的是她创作的核心：在一个无穷尽的世界里迷失自我。正如她把南瓜放在满是镜子的镜房中，镜子里反射出了许许多多个图案，令人感到迷惘。南瓜代表着一段儿时记忆，象征着父母在家乡养育小孩的一段回忆，她的系列作品中，其中一部就命名为《我对南瓜所有永恒的爱》。

我的生命是一个点：是亿万粒子中的一点。

——草间弥生

插画：大卫 · 斯佩尔塔

艺术家的汤

安迪·沃霍尔

Andy Warhol

1930—1987 年

你有没有过类似的情况：你觉得你画的东西平平无奇，所以就把它扔进了垃圾桶里。如果安迪·沃霍尔看到，他可能会说："你大错特错！"因为他就是将日常物品的平凡给描绘了出来才成为世界上最著名的艺术家之一。

沃霍尔也曾问过："怎么样才算得上是一位著名人士？有谁配得上这样的称呼呢？"

现在你试着想象一下，我们现在在美国纽约，现在是 1962 年，这是一个既没有手机也没有电脑的世界，这里的多媒体只有电视和广播。此时，美国与越南的战争已经持续了 7 年，成千上万的年轻人还在被迫前往越南参军，他们不得不与家人挥泪告别，甚至都不知道自己能否回来。与此同时，许多人"在国内"对战争提出抗议，他们已经厌倦了毫无信念可言的国家，人们渴望改变，渴望打破陈旧的模式，渴望拥有一个更美好的世界。

那时，波普艺术逐渐成形，日常生活中的物品，如饮料、食品罐头成了艺术的主角。

沃霍尔的《金宝汤罐头》，是波普艺术最著名的作品之一，一经展出就引起了极大的轰动。因为沃霍尔是第一个在画廊中展示出带有广告标语的复制品的人。该作品由 32 幅复制品组成，除了每幅画中的一些细节不同以外，它们看起来没有什么不同。这些复制品排列起来构成了一个 8m × 4m 的大矩形，就像是陈列在超市商品架上的货品一样。

这些画作看起来就像是广告似的，但事实并非如此！通过使用复制（以及丝网印刷），沃霍尔把一个商业产品变成了一个艺术品。与此同时，他也想通过自己的作品呈现出美国岁月静好的一面，然而，此时的美国是什么样的呢？家庭主妇们拥挤在超市的过道上，年轻人被送往遥远的国家去打仗。

安迪·沃霍尔冲洗照片和接待朋友、合作伙伴的工作室被称为"工厂"。

插画：苏珊娜·莫拉里

微型魔法

乔塞塔·菲奥罗尼

Giosetta Fioroni

1932 年

魔法很神奇，能够变出物体，也能变出人，可以让东西显现出来，也能让它消失。小时候，甚至当我们长大以后，我们可能依然相信魔法的存在。

乔塞塔·菲奥罗尼就成功将魔法画了出来！她就像是一个小仙女，变出了许多样式：绘画、油画、蛋彩画、陶瓷、拼贴画……并以虚幻、抽象的方式将整个世界呈现了出来，所以她的作品辨识度总是很高。在她的画作中经常出现心形图案、小房子、星星、树木，而出现次数最多的是她的狗——佩托特，她最爱的人——作家戈夫雷多·帕里斯还曾为佩托特赋了这首滑稽的诗：

佩托特

一条十四岁的孩子狗，

营养不良，

有蹼足。

菲奥罗尼一直致力于创造神奇的东西。20 世纪 60 年代初，年轻的菲奥罗尼就在罗马与画家如塔诺·费斯塔、马里奥·希法诺和佛朗哥·安杰利一起创作，他们想通过人们的脸庞、广告牌、路标来描绘出这座城市的白天黑夜，最终他们都成了著名的艺术家，许多人称他们的组合为“意大利版波普艺术的安迪·沃霍尔”。

那时，菲奥罗尼还发明了一种称为“银”、专门用于肖像绘画的技术：她将照片投射到画布上，然后用银色的工业珐琅来填满图案。

之后，菲奥罗尼从罗马搬到威尼托，开始在森林里生活，她置身于童话般的世界继续她的探寻，在这个梦想中的地方继续寻回遗失的童年世界。给小孩看的微型剧就是在这段时期诞生的，她用卡纸或彩色陶瓷做成仙女、女巫和公主的模样，然后让它们在画好的舞台上进行表演。

乔塞塔·菲奥罗尼的母亲是一个木偶师，因此，她对于微型剧的热爱也源于她的母亲。

插画：马可·拉塔利亚塔

艺术吞食

皮耶罗·曼佐尼

PIERO MANZONI

1933—1963 年

什么是艺术？什么不是艺术？

曾有一位我们已经认识的艺术家，用一个现成品给出了他的答案——艺术就是一件日常用品，但是因为被艺术家选中了，所以成了艺术作品。你还记得这位艺术家是谁吗？皮耶罗·曼佐尼也问了自己同样的问题，并给出了类似的答案，不，应该说是更奇怪的答案。

曼佐尼出生于一个贵族家庭，童年是在米兰度过的。在短暂地学习了艺术之后，年仅 23 岁的曼佐尼首次亮相于米兰，就凭借与众不同的作品而闻名：涂有焦油沥青的画布和物体，如剪刀、钥匙，以及浸入油漆中的纽扣。

这些作品都是曼佐尼与同事潜心研究的成果，他们认为，画作应该是一个自由的地方，是一个能发挥创造力的地方，因为艺术家在上面绘画的行为，才使它成了一件艺术品。通过这段陈述，曼佐尼回答了我们一开始提出的问题：什么是艺术？我们又该如何判断一件物品是不是艺术作品呢？对于曼佐尼来说，作品本身是否美丽并不重要，重要的是从作品中诞生的想法，更重要的是拥有这个想法的艺术家。

如此，这个家境良好、出身高贵的男孩，伟大作家亚历山德罗·曼佐尼的后裔，成了那个时代最著名的意大利艺术家。1961 年，他在雕塑底座上摆放了一些裸体模特，并在模特的皮肤上签上自己的名字，以及一些伟人如作家翁贝托·埃科的名字，于是就创造出了活的雕塑。他甚至还举办了一场名为“吞食艺术的动态艺术”的“表演”（这是一种即兴创作、与观众互动的表演形式）。在演出中，为了确保鸡蛋是真正的艺术品，曼佐尼会在每个蛋壳上都留下自己的大拇指指纹，然后再邀请观众吃掉煮熟的鸡蛋，吞食掉这个刚刚创作出的艺术品。

皮耶罗·曼佐尼还发明了《魔术生活基座》：任何一个观众都可以站在这个雕塑的基座上，然后曼佐尼在观众的手臂上签字，于是就把观众变成了一件艺术品！

插画：盖亚 · 科波拉

在水上行走

克里斯托

Christo

1935—2020 年

艺术家克里斯托曾在水面上行走过！

伊塞奥湖上的《浮动码头》是克里斯托晚期的作品之一，这是一条漂浮在湖面上的路，是由 22 万个高密度聚乙烯立方体铺成，立方体上还包裹着会根据光线和湿度变幻色彩的黄色织物。克里斯托说："艺术与生活、艺术与自然应该没有森严的界限，在人类的生活时空中，应处处存在着艺术。比如，码头是艺术，它周围的水、蒙特岛上的房子也都是艺术。"他眼中的"大地艺术"是这样的：这是一种富有创造性的表达，是一种视觉化的艺术形式，艺术和大自然有机结合，于是也改变了人们感知它的方式。

但克里斯托自己有着怎样的故事呢？

他离开了自己的故乡保加利亚后搬到了布拉格，而后去了维也纳、日内瓦，最后到了巴黎。他的法语讲得很糟糕，所以只能在巴黎街头靠着画画来养活自己。直到他遇到让娜・克劳德，他们一见钟情，后来成为生活和艺术上的伴侣。

克里斯托受到曼・雷的启发，创作出了神秘的作品《伊西多尔・杜卡斯之谜》。他开始把物体"包裹"起来，比如包裹宏伟壮观的建筑、开阔的大自然……他开始将我们的双眼能看到的东西包裹起来，隐藏在我们的视线之外。克里斯托和让娜・克劳德将 60 多万平方米的粉红色浮漂围绕在了迈阿密海上的 11 个岛屿周围……这些巨大的作品，耗时多年才得以完成，但是仅仅只展出了几周，它们短暂地存在过，却长长久久地留在人们的记忆中！

克里斯托和让娜・克劳德同年同月同日生，都生于 1935 年 6 月 13 日。

插画：盖亚·科波拉

送你一朵花

大卫·霍克尼

David Hockney

1937 年

你是否也会这样：本来想要做什么，但是由于懒惰便放弃了。比如绘画，仅仅是想到要拿出画纸和画笔，你画画的兴致就消散得无影无踪了。

大卫·霍克尼也是这样的。近几年来他在创作的时候抛弃掉了画笔和颜料，而是在手机屏幕上“画画”了！

霍克尼于 1937 年出生在英国的布拉德福德，是 20 世纪最重要的英国艺术家之一。当他 27 岁从伦敦皇家艺术学院毕业后，就搬到了美国加利福尼亚州的洛杉矶。在这里，他将人们简单而幸福的生活呈现了出来，比如沐浴在加州阳光下的人们，比如在色彩明亮的游泳池里嬉戏的场景……

在霍克尼 60 多年的艺术生涯中，他尝试了各式各样的艺术，比如他通过摄影创造了大型拼贴画，利用智能手机以及后来的平板电脑来绘画。

2009 年，霍克尼开始使用 Brushes 绘图软件在屏幕上进行绘画。起初，他是为了和亲近的人保持日常联系，才使用电子绘画的。他在一个采访中说道：“我会在软件中为我的朋友们画花，这样他们每天早上都能够收到新鲜的花朵了。这些花永不凋零！我不仅可以像我的素描本一样，把它们装订成册，还可以把同一朵花同时送给 15 个人、20 个人，甚至更多的人，而且他们立刻就能收到。”

2010 年，霍克尼在巴黎首次举办了他的电子绘画展“鲜花”，他所呈现出来的花朵就像是真的一般，色彩绚丽、耀眼夺目，因此这次展出取得了巨大的成功。霍克尼每周都会创作出新的不同的作品，但不是在画布上，而是在 15 寸的平板电脑上绘画而成的。

这种技术被称为“手指绘画”（即用手指来绘画），因为除了平板电脑和他自己的手之外，他不需要其他任何的工具了。

在屏幕上画画并不难。你也来试试吧！

插画：大卫·斯佩尔塔

瓶盖与挂毯

艾尔·安纳祖

·El Anatsui·

1944 年

当你打开饮料之后，把瓶盖放哪里了呢？有的人把它直接扔到了垃圾桶里，而有的人则像艾尔·安纳祖一样回收利用了这些瓶盖。

艾尔·安纳祖来自加纳，是非洲最重要的在世艺术家之一。他的作品都是巨幅创作，代表作是绚丽多彩、闪闪发光的挂毯。但这些挂毯并不仅仅是由布料制成的，他将各种各样的铝瓶盖、木块、压扁的易拉罐……都缝到了挂毯上。

现在安纳祖在尼日利亚的恩苏卡生活和工作，他的工作室大得就像是一个纺织车间一样，在这里有将近 40 个男孩帮助他生产他的金属“面料”。

看过他的作品《杜萨萨二号》就能很好地明白为什么他的作品是如此超凡脱俗了。这件作品是由数千个酒瓶盖经过压平、塑形、钻孔等工序，最后用铜线仔细地串联而成的，它占据了整整一面墙，哪怕是世界上最高的人站在它的面前，都会觉得自己很矮小。

安纳祖在一次采访中解释道：“起初，我觉得作为一名艺术家，应该亲力亲为才是，但后来我发现，大教堂也不是由建筑师一个人修建出来的！”于是安纳祖就设计出了这个作品，然后由助手把不同颜色的瓶盖分类归置在一起，组成了完全不同的系列作品。

20 多年来，他就像是一个画家，一直在用瓶盖以及回收的金属片来创作风格类似但形状和颜色大有差异的作品。事实上，人们认为他是一个画家而不是一个雕塑家，因为他可以将图画中颜色相近的各个部分完美地拼接在一起，从而创作出一个完整的作品。

艾尔·安纳祖的作品十分轻便，他时常将它们折叠放入手提箱中，然后带着它们环游世界！

插画：盖亚 · 科波拉

不锈钢玩具

杰夫・昆斯

JEFF KOONS

1955 年

你知不知道小丑们在派对上送的那些魔术气球是什么样子的？你喜欢吗？一位名叫杰夫・昆斯的艺术家也被这些气球深深吸引住了。

昆斯出生在美国宾夕法尼亚州的一个富裕家庭。他的父亲是一名室内设计师，受父亲影响，昆斯从小就知道什么是高雅，学会了如何鉴赏奢侈品，在销售方面也展现出了过人的天赋。关于他自己，他说，为了讨人喜欢，他从小就是一个努力取悦别人、尽力满足他人要求的小孩……哪怕长大了，讨好别人的习惯还是没有改掉。

1976 年昆斯从芝加哥艺术学院毕业，一心想成为一名艺术家，而他认为纽约是唯一一个能够实现他伟大梦想的城市，因此，次年他搬到了纽约。随后他便尝试用镜面材料进行创作，如此便开始了他的艺术生涯。

昆斯有着敏锐的商业嗅觉，他觉得镜面不锈钢是非常理想的创作材料，因为它不仅可以创造出一种稀奇独特且有豪华感的东西，还可以让大众利用镜面光滑能反照的特性来消遣娱乐。

昆斯在 20 世纪 90 年代为他的儿子路德维希制作过《气球狗》，它是由 5 个气球狗的复制品组成。这件作品看起来就像狗形状的气球一样，但实际上它是由镜面不锈钢制成的，然后再涂上 5 种不同的颜色。昆斯的《气球狗》是美好而令人着迷的，因为它再现了儿时的一个令人快乐、意义非凡的玩具。

但并不是每个人都喜欢昆斯的艺术，有人称他的作品"媚俗"，也就是"不高雅"的意思。而 2008 年在他的个人展上，一些参观者评论道："这些展出的作品应该放在更适合它们的地方，应该放在迪斯尼乐园才对。"

无论如何，昆斯是最知名、最成功的当代艺术家之一，或许正因此，有不少嫉妒他的人。

2019 年，他的《兔子》以 9100 万美元的高价售出，这是有史以来在世艺术家作品卖出的最高金额。

插画：大卫·斯佩尔塔

罗马的故事

威廉·肯特里奇

1955 年

你想设计一个超大型的东西吗？大到你从很远的地方都能看得见，让我们从威廉·肯特里奇这里来找找灵感吧！

肯特里奇为了颂扬罗马这座城的辉煌历史，就在台伯河畔创作了一幅 500 米长、10 米高的画作，于是在河堤之上，诞生了他最有名的作品之一。但不同于一般的壁画，他是用“模板印刷”技术进行创作的，让我们看看他是如何操作的。首先需要根据自己想要的图案制作一个模板，然后将模板放置到墙面上，在模板周围上色，当把模板拿开之后，就留下了想要创作的图案。然而，肯特里奇以一种更特别的方式使用了这种技术，他将模板放置在一面白色的石灰墙壁上，时间越久，模板下墙壁的颜色就会越深，最后他会用水冲掉模板周围的部分，如此就能将模板的形状留下来。就像当你在画画的时候，用橡皮把纸上不需要的东西擦掉一样！但是随着时间的流逝，整个壁面上的颜色都会慢慢褪去，因此他知道这件作品终有一天也会消失的。

肯特里奇说：“当我们在参观古代建筑物的遗迹时，我们能看到它们被雨水腐蚀得多么严重，也能看到它们是如何消失掉的，比如，一条腿不见了，雕塑的鼻子消失了。但这就是我要创作这些作品的原因，因为我喜欢将带有过去记忆的东西和图画组合在一起。”于是在作品《凯旋与哀歌》中，肯特里奇就融合诸多元素，让这座城的历史沿着河流缓缓向前！在这些图案中，有罗慕路斯和莱姆斯，有电影中关于罗马的著名场景，有纳粹枪击事件的受害者，还有……肯特里奇插入了一个黑色的正方形图案，上面刻着“那一部分我不记得了”。

南非人威廉 · 肯特里奇将意大利作为了他的第二故乡。

插画：苏珊娜 · 莫拉里

需要剥皮的肖像

谢礼·桑巴

Chéri SAMBA

1956 年

你有没有见过有人削苹果，苹果皮可以自己卷成连贯的一条？在谢礼·桑巴的自画像中也出现了一个像果皮一样展开的螺旋！这有点儿奇怪，不是吗？

谢礼出生于刚果民主共和国的一个小村庄，16 岁时移居到了首都金沙萨。一开始，他在那里画漫画，并以贩卖漫画来养活自己，3 年后，他成功开了第一家自己的艺术工作室。

谢礼的成名画作属于“流行绘画”或“非洲城市绘画”流派，因为谢礼用他的作品，描绘出了真实的所见所闻。谢礼有点儿像记者，一个用画布和画笔报道新闻的记者，他利用鲜艳的色彩和基本的图案将幽默与真相融合在了一起。

谢礼画的是什么呢？画的是非洲大都市的生活，画的是疾病、不平等、腐败，当然还有对大自然的感激。在他的画作中，常常是绘画与文字相结合，从而创建一个特殊的会话，就像在漫画中，人物对话和图案穿插在一起。

看看谢礼的自画像《我爱颜色》。艺术家把自己画得像个“削了皮”的苹果，牙齿之间咬着一根长长的、滴着五颜六色的颜料的画笔。谢礼解释说，他在许多画作中画了自己，但自己并不是主角，在自己的肖像之下，真正发生在他身上的故事才是最重要的，例如，有一次，一个熟人在他的画布上看到自己螺旋状的肖像，很是埋怨，于是从那天起，谢礼就决定在自己的画像上做实验，尝试苹果剥皮的绘画方式。

1990 年，谢礼·桑巴来到意大利米兰，在上流社会的晚宴上，他更愿意独自一人品尝凤尾鱼。

插画：大卫·斯佩尔塔

涂鸦在纽约

凯斯·哈林

Keith Haring

1958—1990 年

我敢打赌，曾经有一段时间你也很喜欢用彩色粉笔在地上画画，但长大以后就几乎没有了。但是凯斯·哈林从未停止，他仍继续在街头涂鸦，最后成为世界上最著名的艺术家之一！虽然现在他已经是一个明星了，但他还是从前那个在纽约街头涂鸦的人，还是继续在地铁站台涂鸦。

他的作品色彩鲜艳绚丽，极具个人特色，人、动物、电脑、电视等图案经常出现在他的画中。这些画风格独特，任谁看了都会明白：哈林曾来过这里。

哈林非常喜爱毕加索和沃霍尔，作品风格受到了他们的影响，而他的创作灵感来源于原始人的洞穴壁画。哈林希望他的艺术是浅显易懂的，是可以被每一个人理解的。他认为："绘画就是未来，是与整个世界沟通的媒介。"

有一天晚上，他在一堆垃圾中发现了一大卷用来充当拍摄背景的纸，于是这张纸就成了他绘画的第一张大画布。他租了一间工作室，实际上就是一个光线暗沉的仓库，为了有足够的光亮，每当他工作的时候就会把门大大地敞开。这个地区到处都是无家可归、四处流浪的人，他们被这个在纸上画画的男孩勾起了好奇心，于是他们时常停下脚步，驻足观赏，有时候还会嘲笑他。哈林说："很多时候，他们的批评比学校同学的一针见血多了。"

当哈林真正成功之后，他开了一个小店，大量出售自己设计了图案的 T 恤衫、海报和一些小玩意儿，在短时间内就积累了一笔财富。但天公不作美，他在 32 岁的时候因艾滋病早逝。

凯斯·哈林在 1000 个小孩的帮助下画了一个 10 层高的自由女神像！

插画：马可 · 拉塔利亚塔

发光的小孩

让-米歇尔·巴斯奎特

JEAN-MICHEL BASQUIAT

1960—1988 年

如果明天一觉醒来你就变成了一个亿万富翁，你会做什么？有的人丝毫不会改变自己的生活，而有的人则会开心过头，丧失理智。

让-米歇尔·巴斯奎特在很年轻的时候就一跃成名，走上了事业的巅峰，对于他来说，要适应这种新的生活并不容易。他的作品粗犷不羁而充满了生命气息，就像他的人生一样，短暂而充满了传奇色彩。他的一生仿若是一个悲惨故事：一个 20 多岁的纽约人，突然有一天登上了成功人士排行榜榜首，一举成名，但是由于吸食毒品，在 27 岁的花样年华就去世了。

巴斯奎特的父亲是海地人，母亲是波多黎各人。每当他的父亲在工作的时候，他的母亲就经常带他去参观这座城市的博物馆。巴斯奎特在 8 岁的时候发生了一场严重的事故，因此卧病在床许久，他的母亲送了他一本关于解剖学的书籍。如果你观看他的作品的话，就会发现画作中有很多人体部位以及骨骼的元素。

后来巴斯奎特结识了诸如凯斯·哈林这样的朋友，于是就开始像他们一样在社区的墙壁上随意涂鸦作画，并署上“Samo”这个化名，自此“Samo”就成了他的标志性象征，成了这座城无处不在的名字。

巴斯奎特所处的年代和他所生活的城市让他变成了一个超级巨星。20 世纪 80 年代的纽约是繁华而充满危险气息的，在短短的时间内，艺术画廊的数量增加了两倍，巴斯奎特的作品也频曝高价。

他工作的速度令人难以置信，因为他可以同时在多个画布上绘画。深夜的时候，他还会在梦游中创作一些画作，来传达出灵魂深处的不安与狂乱，这些作品如今也被认为是他作品中最棒的。

对于让-米歇尔·巴斯奎特来说，绘画跟拳击有点儿像。
他还曾经和安迪·沃霍尔打过拳击。

插画：马可 · 拉塔利亚塔

你好，眨眼先生

村上隆

TAKASHI MURAKAMI

1962 年

蜘蛛侠是彼得·帕克的另一个化身，虽然蜘蛛侠和彼得·帕克是同一个人，但是他们的生活千差万别：彼得是一名平凡的高中生，而蜘蛛侠为了追击罪犯，会在晚上跳跃在不同的楼房之间。日本艺术家村上隆也有另一个化身——眨眼先生！但是，与彼得·帕克不同的是，村上隆决定以自己的方式给自己的化身做一个身体。于是 1993 年，一种奇怪的生物“眨眼先生”就这样诞生了，它是米老鼠和漫画人物哆啦 A 梦的混合体，村上隆用不同的材料把它创造成了不同的形状、不同的大小。

村上隆出生在东京的一个传统的日本家庭。他的童年是在和小伙伴们一起看漫画、打电动中度过的，平凡而快乐。但他想要成为一名艺术家，因此他在大学学习艺术，专攻日本传统美术。1990 年，他搬到了纽约，在那里他发现了波普艺术，从此他的画风也受到了波普艺术最伟大的两位代表人物安迪·沃霍尔和杰夫·昆斯的影响。

也正是这段时间，村上隆找到了自己作为艺术家的标志，即作品中不同于他人的元素，那就是将日本传统绘画、小时候看的漫画和波普艺术完美结合起来。他的画作既没有深度也没有空间感（人们称之为“超平面”)。眨眼先生被大量复制在了绘画、雕塑以及 T 恤衫上，也是超扁平化的，直到它变成了一个毛绒玩具：这是一个头非常大的动物，圆圆的眼睛，占据半张脸的微笑，以及一对像米老鼠一样的耳朵。

多亏了眨眼先生以及他塑造的其他角色，村上隆打破了“奢华”的艺术与“平价”艺术之间的壁垒，前者需要耗资数百万欧元，后者是像 T 恤衫、毛绒玩具和一些小玩意儿的东西，是面向大众的，比如我，比如你。

你的另一个自我叫什么名字？与你有什么不同？

插画：盖亚 · 科波拉

对死亡的理解

达明安·赫斯特

Damien Hirst

1965 年

人死后会怎么样？没有人知道。许多人认为死亡是生命的终止，是所有一切的终结，而另一些人则在死亡中看到了一个新的开始。天知道是怎样的……

英国艺术家达明安·赫斯特也提出了这样的疑问。

在他十几岁去伦敦大学哥德史密斯学院学习艺术之前，有一次等待葬礼举办的时候，他参观了一个停放死者的停尸房，这段经历给他留下了一段深刻的记忆。

别人给出的关于生命的解释，赫斯特一点儿也不满意，于是在 1991 年，他创作了《生者对死者无动于衷》。赫斯特将一条 4 米长的鲨鱼浸泡在一个装满了 800 升甲醛的玻璃柜中。

赫斯特想要通过这件作品告诉我们，要让活着的人理解死亡、理解生命的终结那是不可能的。赫斯特抓住了鲨鱼呼出最后一口气的这一时刻，你看，它仍然张着嘴，露出了锋利的牙齿。在此之后，赫斯特陆陆续续将许多农场中的其他动物（比如牛羊，比如昆虫类的蝴蝶）浸泡在类似的玻璃柜中，这在当时引起了人们对他强烈的批判。

探究生与死之间微妙的界限，这就是赫斯特想做的，他想要用他的作品来引起人们的共鸣，想要激起那些观看人的情绪，让人们有所触动，比如焦虑不安，比如悲伤郁闷。你也去找找他的作品，你觉得他成功了吗？

镶嵌了 8601 颗钻石的铂金骷髅作品名为《给上帝的爱》，
是达明安·赫斯特最著名的作品之一。

插画：大卫 · 斯佩尔塔

蒙面艺术家

班克西

BANKSY

1974 年？

班克西是艺术中的佐罗！即使他的作品以数百万英镑的高价售出，但没有人知道他是谁。起初，这位神秘的街头艺术家只是英国布里斯托尔街头的一个普通涂鸦者而已，但如今的他遐迩闻名，他几乎在全世界的街头巷尾都留下了自己的痕迹。

班克西的作品根本无需发表，因为他根本不是在画布上绘画的，他常常在深夜，在大街小巷的墙壁上进行创作。许多人都想知道他到底是谁，甚至为了查明他的身份，警方还尝试用追踪罪犯的方法来寻找他，但显然一无所获。因此就出现了多种猜测：有人说他是一名著名的音乐家、一个女人、一个学生，甚至还有人认为在他的化名下其实代表的是一群艺术家。

街头艺术家们的绘画是非法的，他们总是在禁止涂鸦的地方飞速留下他们的痕迹。于是为了躲避警察的抓捕，班克西也会使用模板技术，在墙上放置做好的模板，再用喷雾来迅速着色。他的绘画风格古典而优雅，但他的画作中所表达出来的意味却极尽讽刺。班克西的作品大多与社会时事有关，他经常讽刺、批判社会现实，并对世界上正在发生的事情发表评论。2020 年，他买了一艘轮船来拯救身陷地中海的难民，并用他的涂鸦将这个事件画了出来。

班克西的作品充满了玩世不恭的黑色幽默，并且时常公然挑衅国家政府！他甚至还创造了一件自行毁灭的作品。在一次拍卖会上，他的作品刚刚以超过 100 万欧元的价格定槌售出，突然一阵警报响起，画框内的画作自动滑下，被一种类似于碎纸机的东西绞成了一条条碎纸。

试着想一种方式，用一件作品来说出你心中所想。你的艺术也可以改变世界。

插画：弗吉尼亚 · 塔罗尼

两种身份

恩吉德卡·阿库尼利·克罗斯比

Njideka Akunyili Crosby

1983 年

你有没有搬过家，有没有从自己的家乡搬到另一个城市，或者你是否移居到了另一个国家？也许从来没有过，但你肯定有过类似的感觉——兴奋中带着一点儿担心害怕，比如说当你从幼儿园升到一年级的时候，就要去到一个崭新的环境中，那里的一切都需要你慢慢去适应。

恩吉德卡·阿库尼利·克罗斯比也有类似的经历，只不过她改变了自己所处的环境！ 16 岁的时候，她和姐姐一起从家乡尼日利亚搬到了美国。你想象一下，这是一个多么大的变动。她们到了一个完全陌生的环境，甚至都还不太熟悉当地的语言，就要开始和从前截然不同的生活了，当时还没有发明出聊天软件，当然也没办法和家人视频通话。

恩吉德卡怀揣着成为一名医生的梦想到了美国，然而，在上了一门艺术课程之后，她发现了自己对绘画的热爱，于是就开始了她的艺术生涯。今天的她已然成为世界上最著名的当代艺术家之一。她的作品都是大型的画作，描绘的都是日常的生活场景，例如坐在沙发上的女孩、围坐在桌旁的家人们……但这些作品的独到之处在于将恩吉德卡的两种不同身份融合在了一起，她的作品兼具美国和非洲的特点。恩吉德卡将她在美国所学的绘画技巧都用到了作品中，她技艺精湛，因此所描绘出的人物都是惟妙惟肖的，使得这些作品就像是一张张真实的照片。但是，如果你有看过她的作品的话，就会发现画作中的某些部分是由剪下来的尼日利亚报纸、全家福以及具有非洲人特点的人物组成。因此，恩吉德卡的画作就像是一本日记，讲述了一个非洲女孩在另一个国家成长的故事，后来这个国家也成了她的第二故乡。

《梅泽比街 5 忠，纽黑文》是一幅拼贴画，是由剪下来的报纸和照片拼贴而成的。